ふっきれて今ここに生きる

創作体験と心理的成長の中心過程について

村田 進

コスモス・ライブラリー

❋ 目次 ❋

謝辞 -- 1
基本計画と章立て -- 3
  基本計画 -- 3
  章立て -- 3
  方法 -- 3
プロローグ（目的）-- 5

本論

序論（方法論）-- 9

  1．研究の動機と経緯と名称の由来 ------------------------ 9
  2．仮説 -- 10
  3．方法 -- 10
  4．仮説模式図の適用 ------------------------------------- 12

序章　「灯台へ」創作体験における中心過程について
　　　　―A研修会でのIさんの心理的成長― -------------- 15

  1．はじめに -- 15
  2．題 --- 15
  3．目的、定義および基本計画 --------------------------- 16
  4．中心過程：機微・機序・機縁：と3つの仮説 ------------ 16
    （1）体験と創作をつなぐストーリーライン（すじ）
　　　　について --- 16

i

（2）創作体験の中心過程にある回復・成長の機序
　　　　と定義と仮説について ------------------------------ 17
　　先行研究より --- 18
　　（3）再構成化（reconstituting）についての定義と仮説 ----- 19
5．方法――「わける・ゆずる・つなぐ」ふっきれる
　　中心過程の析出 --------------------------------------- 20
6．結果――事例から見た「再構成化」について ---------------- 21
　　（1）事例についての体験過程尺度からの推論 ------------- 21
　　〈創作体験の事例〉 ----------------------------------- 22
　　考察――Ⅰさんの創作体験について --------------------- 27
　　（1）Ⅰさんの創作体験について ------------------------ 27
　　（2）作品から見たⅠさんの自己概念の「再構成化」
　　　　について --- 28
　　（3）創作体験とその後におけるⅠさんの中心過程 -------- 29
　　創作体験後Ⅰさんの手紙から --------------------------- 29
　　　　参考文献 --- 32

第1部
創作体験法の展開

第2章　「創作体験面接法」の開発と方法について
　　――パーソンセンタードの課題グループの中で取り組まれた
　　「創作体験」の面接法としての開発と試行：「乗り物イメージ
　　（ペガサス・メディテーション）創作体験法」―― -------- 35

はじめに -- 35
1．問題と目的 --- 35
2．面接法における心理療法的時間構造について -------------- 36

3. 未来志向の時間構造をもったペガサス・メディテーションと創作体験法（乗り物イメージと創作体験による組み合わせ法）の開発 ---------- 36
4. ペガサス・メディテーションの実際 ---------- 36
5. 結果と考察 ---------- 37
　　参考文献 ---------- 61
〔人間中心のセミナーでの実践プログラム〕 ---------- 62

第3章　授業—こころをころがせる○△□創作体験を中心に— ---------- 79

テーマ：学校現場に生かすカウンセリング ---------- 79
はじめに ---------- 80
問題 ---------- 80
方法 ---------- 80
　Ⅰ．マンダラ画（○△□）瞑想体験 ---------- 80
　Ⅱ．創作（描く・書く・云々）体験 ---------- 80
　Ⅲ．体験過程から見た心理的回復尺度 ---------- 82
結果と考察 ---------- 82
　1．事例〔1〕高2男子G男の事例と創作体験について—不安傾向をもつ高2男子生徒に実施した禅マンダラ画創作体験の実際 ---------- 82
　2．事例〔2〕中1男子H男の事例と創作体験について ---------- 87
　結語 ---------- 89
　　参考文献 ---------- 90

第4章　禅マンダラ画「○△□」創作体験法について考える ---------- 101

はじめに ---------- 101

1. 問題の所在 --101
   （1）先ず、○である。---102
   （2）次は△である。---103
   （3）さらに、□である。---------------------------------106
   （4）新たな創作体験法の開発──マンダラ画（構成図）
       と創作体験 --108
2. 方法 --110
3. 仮説に至るイニシャル・ケースについて
   （再掲、2015）---111
      事例1：心身症から不登校になった高2D男 ------------111
4. 考察 --114
5. 事例研究：イニシャル・ケースを含む禅マンダラ画
   創作体験法による実践例 --------------------------------116
6. 結語と今後の課題 --129
      参考文献 --132

第5章　体験過程尺度から見た「つくる」（枠づけ）創作体験法の心理療法的構造 ------------------ 133

1. 禅マンダラ画枠づけについて ---------------------------- 133
2. 書く・描く・云々（創作）体験について ------------- 134
3. 禅との関連から -- 134
4. 体験過程について -- 136
5. 『ダロウェイ夫人』用体験過程尺度から ----------------- 137
6. 変化の相の構成概念「くぐりぬける」の中心概念
   「ふっきれる」の発見 -- 138
7. 結語と今後の課題 -- 139

第2部
創作体験グループ法の発展と理論

第6章 パーソンセンタードの学習グループとしての「創作体験」について ----- 145

  1．まえおき ----- 145
    （1）理論的背景 ----- 145
    （2）「創作体験」のねらいとやり方 ----- 146
  2．「灯台へ」枠づけ創作体験法の実践 ----- 146
  3．「葉っぱのフレディ」枠づけ創作体験法の実践——
      その1：自殺防止のためのカウンセラー養成研修
      事業のワークにおける実践 ----- 147
    （1）「葉っぱのフレディ」創作体験法の教示 ----- 149
    （2）グループ・セッションの実際 ----- 152
  4．「葉っぱのフレディ」枠づけ創作体験法の実践——
      その2：保育専門学校における実践 ----- 154
  まとめ ----- 155
    （資料1）「灯台へ」創作体験法の教示と様式（2000） ---- 156
    参考文献 ----- 157

第7章 エンカウンターグループにおける課題（インタレスト）グループのあり方について——「創作体験」の位置づけ—— ----- 159

  はじめに ----- 160
  Ⅰ．問題の所在 ----- 161
    1．問題 ----- 162
    2．目的 ----- 163

3．グループの特質-- 164
Ⅱ．方法 -- 167
Ⅲ．結果と考察 --- 167
　　　参考文献 --- 176

結論：深層とリアルと表層―過去・現在・未来―
「灯台へ」第1章・2章・3章------------------------ 179

〈基本計画と仮説と結果〉--- 179
1．基本計画と結果 --- 180
2．仮説と結果 --- 182
　　三つの仮説の検証 --- 182
　　　〈総合考察〉--- 187
　　　〈方法論と結果〉-- 189
　　　〈結論と研究の新たな見通し〉----------------------------- 191
　　　（1）象徴化・中心過程・ストーリーライン------------ 191
　　まとめ --- 192

エピローグ　在りし日の有馬研修会における畠瀬 稔先生 ----- 195

資料編

資料Ⅰ. 過程概念の構成図と力動的関係図 ―――― 201

（1）（資料1）
　図1. ロジャーズ「クライエント過程のストランズ」(1954) --- 201
（2）（資料1）
　図2. ジェンドリン「診断・解釈と体験の深まりの相関図」
　　　(1963) ―――――――――――――――――― 202
（3）（資料1）
　図3. リリーの思いの対象と体験過程の深まりの図 ―――― 203
（4）（資料2）
　図4.「灯台へ」ストーリーラインの図（序章、p.31、図1）---- 204
（5）（資料3）
　図5. 禅マンダラ（○△□）画創作体験における
　　　「くぐりぬける」の概念構成図（Ⅰ）―――――――― 204
　図6. 創作体験における回復過程の概念構成図（Ⅱ）―――― 204
（6）（資料4）
　図7. 体験過程における停滞と推進の模式図 ―――――― 205
　図8. ふっきれる「中心過程」の模式図 ――――――――― 205
（7）（資料5）
　図9. B男のアトピー性皮膚炎からの回復過程 ―――――― 206
　図10. 体験過程尺度から見たB男の回復過程 ―――――― 207

資料Ⅱ. 人間中心の教育セミナー ―――――――― 208

結びに ――――――――――――――――――― 211

謝辞

　本書出版にあたり、拙著『体験過程心理療法』(2015) に引き続き創作体験の実践的な課題の理論化を試みましたところ、クライアントの方々や諸先生の多大なご協力とご指導をたまわりました。とりわけ、ケースの作品と感想を寄せて発表を快諾された I 氏はじめ、事例を提供された匿名の方々に感謝申し上げます。金沢大学教育学部の教育相談の講座で、学部改変の最後の講座まで十数年にわたり、「現場の教師の話し」という時間を設けていただいた金沢大学教育学部大学院教授萱原道春先生には、学校の相談室の活動の一端を話す機会をいただき、ロジャーズやジェンドリンに関する貴重な資料の提供や御指導を賜りましたことを、心から感謝申し上げます。また、この間、これまで大変お世話になった日本人間主義心理学会や日本人間性心理学会の創設と発展に尽力され、貢献された国際キリスト教大学名誉教授星野命先生と金沢大学名誉教授多田治夫先生が相次いでご逝去されたのは、かなり衝撃的な出来事でした。本書の第2部第6章は、お二人が、ファシリテーターとして参加されたエンカウンター・グループのワークショップから取り上げました。ここに言及させていただき、深謝申し上げますとともに、先に往かれた金沢大学名誉教授田中富士夫先生とともに心理学の専門分野のみならず、地域のコミュニティ心理学においても、公益社団法人金沢こころの電話の創設や発展に尽力されるなど多大なご功績を残されましたことを、不束乍らここに顕彰申し上げます。また、上述のエンカウンターグループには、永らく浅ノ川総合病院の総看護師長を務められました山中孝子氏もおられ、惜しくも相前後して逝去されましたが、今、振り返りますと、それぞれの方々のグループにおられた様子がスナップ・ショットのように思い出されます。この場をお借りして御冥福を心からお祈り申し上げますとともに、同様に、皆様方の一方ならぬご指導とご鞭撻があって、本書の出版に漕ぎつけることができましたことをお礼申し上げます。

謝辞

　最後に、本書の編集に当り、常に誠心誠意を尽してコミットされたコスモス・ライブラリー編集長大野純一氏に心から感謝とお礼を申し上げます。

平成28年6月29日　金沢

基本計画と章立て

〈基本計画〉

　本論の構成は、図1のように、体験過程:「内」と体験のプロセス:「外」が中心過程:「中」においてつり合う構造として、基本計画を立てた。本論の構成は、本論の内容を反映させて、次のように体験過程の中心過程が「内」と「外」をつなぐ中心軸として機能することを構想して基本計画を進めることにし、これに基づき、以下のように章立てした。

　(1) ○内:深層、過去、体験:灯台へ創作体験(1章)、ペガサス(乗り物)イメージ、壺イメージ(田嶌)

　(2) △中:リアル、今ここ、感情:灯台へ創作体験(2章)、○△□創作体験、三角形イメージ(藤原)

　(3) □外:表層、未来図、行為(すじ):灯台へ創作体験(3章)、葉っぱのフレディ創作物語り、風景構成法(中井)

〈章立て〉

謝辞
基本計画と章立:
プロローグ
序論(方法論)
本論
序章　「灯台へ」創作体験の中心過程について―A研修会におけるIさんの創作体験と心理的成長
第1部　創作体験法の展開

基本計画と章立て

第2章　ペガサス・メディテーションと臨床
第3章　こころをころがせる授業
第4章　禅マンダラ○△□創作体験を考える
第5章　体験過程尺度から見た「つくる」(枠づけ) 創作体験法の心理療法的構造

第2部　創作体験法の展開―理論編
第6章　パーソンセンタードの学習グループとしての「創作体験」について
第7章　エンカウンターグループにおける課題（インタレスト）グループの在り方―創作体験の位置づけ

結論
エピローグ
資料編

プロローグ（目的）

　本書の目的は、これまで筆者がほぼ２０年来取り組んできた創作体験に関する研究についての理論化の試みである。創作体験という心理学的概念は、先行研究に乏しく、試行・開発的な動機で始めたのが発端であるために、本研究は、創作が体験に基づけば、個人の体験が概念化される過程で、体験過程の理論が生かされて、心理療法的に意味があるのではないかと仮説を立てて、それを具体的に立証するために、独自の方法と工夫によって裏付けようとした。しかしながら、結果的にはロジャーズやジェンドリンの体験過程理論をもとに、体験過程心理療法として、人間中心（パーソンセンタード）の立場から創作体験を提案することになった。このことは、今日特に意味があると云える。なぜなら、昨今のIT革命により、コンピューターやスマートホンなどを代表に、コミュニケーション・ツールを媒介とする、書く・読む文化の進歩にともない、言葉が新たな力を得て、コミュニケーションには欠かせない迅速かつ便利なツールとして、音声言語とともに、文字言語が例えばビッグデータとして、これまで以上に利用され日常生活にも応用されて、広大な情報ネット社会を形成するようになってきている。しかし、情報が共有され情報文化が著しく発展する一方では、情報操作やプライヴァシーの侵害など悪影響も深刻化しつつあり、情報過多や情報処理といった情報管理や情報倫理の問題を背景にして、個人の人間学的な在り方にも陰を落とし、この情報化社会をいかに民主的に生き抜くかがが大変難しくなってきているようにも見える。情報が紙媒体を通して、あるいはディスプレイ画面を通して溢れ、「便利さの最短距離の法則」（クレペリン）に則って、人間的な触れ合いや直接的なかかわり合いが必要とされなくなって以来、人間性や個人の尊厳は、著しく過少評価され、いじめや虐待など人間疎外の問題が表面化する中で、個人は、いわば、からだを失い、自己や感情、モラル（規範）や常識、体験やことばなどが体から乖離して、浮遊して飛び交って、身の安全すら脅かされているのにわからない深刻な現状がある。文化的背景の身近な例では、

プロローグ（目的）

ラインによる非難中傷など、若者のリテラシーの問題が依然として放置されている現場があり、学校における対人関係を原因とする、いじめや不登校の問題などに重大な影響を与えている最近の教育環境的実情を念頭に置かざるを得ない。体験と表現の食い違い、誤解や偏見、言葉や情報の一人歩き、様々な心理的ストレス社会の中で、不思議なことにかつ皮肉なことに便利さゆえに、益々、時間的かつ心理的余裕がなくなって、職場や学校における管理主義やタテの対人関係やバーンアウトなどのストレス要因が重なる理不尽な状況に対処しきれなくなり心の病理へと追いつめられる大人や子どもが年々増えてきているのは、日本の自殺者の数が、やや少なくなっているとはいえ相変わらず年3万人近くいるという事態が物語っていると云えよう。この問題に適切に対処するためには、からだの復権とこころのゆとりを回復し、体験とことばとそこに介在する意味の欠落と乖離に気づき、生き生きとした個人の人権や血の通った真の民主主義すなわち、個人の尊厳を今こそ取り戻す必要があり、そのためには、学校や職場に学習と自由、自己規律と自己指示、自然と社会に生きる個人の行為とストーリーライン（すじ）、神話と物語、すなわち、私らしさと人間らしさを取り戻す必要があるであろう。IT文化や情報化社会の進展とともに、人工知能やロボットが象徴するIT産業の技術開発が進む中で、失われつつある人間のこころとからだの関係性を見つめ直し、人間性を社会の中で取り戻すこと、そして、学習する自由を育てる社会と時代の到来を真剣に考えることが今まさに必要になってきている。そのようなときに改めて、表現の自由や書くことの意味、今ここに生きる心のあり方について、もう一度原点回帰し、心理学あるいは臨床学的な人間尊重の見方から探求してゆくことが今日的課題であろう。

　そのような意味で、体験と創作を結びつけ、自己や家族やグループやコミュニティという個人と小さな社会から血の通った手と手を取り戻し、書くことの体験的で創造的な意味を取りあげて、失われつつあるこころとからだの関係性と人間性に基づく社会を追求する。そのために、今ここにパーソンセンタードの光を当てて、私らしく人間らしく生きることを目指すことが本書のねらいである。

本論

序論(方法論)

1. 研究の動機と経緯と名称の由来

　本書を出版する動機は、拙書『創作と癒し』(2014)、『体験過程心理療法』(2015)の二書のテーマとして進めてきた心理的回復の中心過程の研究を一歩進めた構想が一つの事例を得て成り立った。それは、心理的成長の中心過程をテーマとする「灯台へ」創作体験の事例(序説)であった。これは、体験と創作から導き出されたストーリーラインが行為の道筋として今ここに生きるクライアントの生き方を照らし出すという、創作体験の成り立ちを明確にするものであった。前書で導き出した心理学的課題の回復・中心過程の図と文学的な課題であるストーリー・ラインの形成を表す図を統合する「合成図」を裏付けるケーススタディであった。題名は、はじめは、『創作体験の中心過程について―その理論と実践―』の予定が、枠付を創意・工夫する過程で、つくる創作体験がぴったりとするというものを経てこのような形になった。コスモス・ライブラリー版の前二作を合わせれば、3部作ともいえる構成である。したがって、前作が心理学と文学の接点から書いたものとすれば、今回は、心理学と哲学と文学を超えた地点から、個人がいかに生きるかのテーマに沿って創作体験をとり上げ、なるべくリアルな形で体験過程にアプローチする。その意味で、ウルフ『灯台へ』の意識の流れの手法をヒントに、一定期間を置いた二点の時間を取り上げて、作品中のリリーが画架を前にして行ったように、横断的かつ縦断的に、意識の流れの二つの時間を絵図ならぬ物語(もしくはエピソード)に切り取って定点観察風に比較検討するようなコフォート式を試みることにする。すなわち、作品やインタヴューを基に体験過程(垂直軸)と体験のプロセス(水平軸)を組み合わせて創作者が歩んだ体験過程の道程を体験過程心理療法の見方から跡づける試みを実施して、創作体験の心理療法的意義を理論化することを目指す。

本論

2．仮説

　先ず、創作体験における以下の3つの局面とそれに対応する方法についての仮説を提起したい。
（1）「今ここ」において創作する：「つくる」行為が、心の中心の機微にふれ、「すじ」を構成するという仮説である。その方法として、枠付：プロット（つくるきっかけとなる、すじ）に沿ってつづること、および、手がかりと手ごたえ：体験の意味についてのハンドル（ことば、場面、イメージなど）をつかむことが考えられる。

（2）次に、ふっきれる回復・中心過程が、機序にふれ、新たなステージに推進するという仮説である。その方法として、心の中心にふれてあたかも「手が書く」ように綴るスタイルである。そのことによって、内と外（内包と外延）をつなぐ、自己推進力が働き、内発的作用と反作用のつり合う力と引き合う力にゆだねて（呼応して）綴ることが考えられる。そして、その結果生じたカタルシス（浄化）と気づきと心の変化を受け止めることが上げられる。

（3）さらに、今ここでの成長・中心過程が、機縁にふれ、新たなつながりを展開するという仮説である。その方法として、新たなストーリーラインが行為とつながり、他者との関係性のもとに生じる「再構成化」を受け入れることである。そこから展開する、自分らしく・人間らしく（ありのままに）今ここに生きる心理的成長を仮説として掲げて、以上の仮説と方法を体験過程心理療法としての方法論として考察する。

3．方法

　創作体験の教示と方法：教示は、落ち着いた雰囲気の中で以下のように実施する。その後の創作は、各自自由な場所で一定時間内に行い、その後再び合流して、作品の発表と意見の分かち合いを行うことを提案して終わる。

序論（方法論）

【教示】
　今から創作体験のセッションを始めますが、なるべく心を自由にして、リラックスしていてください。創作は、頭で考えてするというよりは、心で書く、もしくは、「手で書く」ようにして、自分の中心にふれながら書いていきます。最初に、枠付あるいはプロット（すじ）を提案しますが、それに沿って、（適宜、変更してもかまいませんが）、登場人物のセリフやつぶやきの空白部分に自由に綴って物語を完成する仕方です。要は、プロットをきっかけにして、なるべくありのままに自分をゆだねて表現します。創作体験は、この創作と、出来上がった作品を分かち合う二つの部分から成り立っています。しかし、分かち合いを通して気づきや信頼を深めることがねらいですから、あまり作品の出来栄えにとらわれないで、むしろ、これまで書くことに抵抗があった人でも、気軽に安心して取り組んでください。

（1）名称と枠付と方法について

　正式名称枠付創作体験法（略して創作体験）は、体験を創作と結ぶ方法として考えられた。書くことが主体なので、きっかけとしての体験を枠付とした創作の意味である。元々は、ウルフ『灯台へ』のプロットを枠付としたので、「灯台へ」枠付創作体験法と表記し、通称「灯台へ」創作体験と名付けた。中心過程の名称は、体験過程の中心という意味である。それは、文字通り、心の中あるいは、ロジャーズが定義した自己概念（self-concept）に近い心理学的な意味から来ている。
　枠付は、例えば、「風景構成法」（中井）のように、カウンセラーが絵画の用紙の四隅に額縁のように枠を描き、クライエントにその中で安心して自由に描いてもらう、安全弁（田嶌）としての機能を有する構成的な描画法をいう。「壺イメージ療法」（同）の場合は、壺がそのような安全弁としての機能を有するという。そのような意味で、創作体験法も、一定の「すじ」の中で、自由に心の動きを表現することができる機能をもった枠付法と考えたい。それは、安全性を考慮した心理テストバッテリーなどでも例えばバウムテストのような象徴的なものの場合は、「木」の概念そのものがことばとイメージ

本論

の枠付となっていて、抑制的な機能と表現的な機能を同時に発揮し、クライエントが自分のありのままを表現するという具合に、ことばやイメージの、すなわち概念的あるいは象徴的な設定が、抑制的かつ表出的な、すなわち構成的で安全弁的な機能と特徴を具えた方法である。

「灯台へ」創作体験が、最初の枠付法であったが、その後、枠付が時と場合に応じて変化し、本からとった「葉っぱのフレディ」にちなんだブラインドウォークを取り入れた体験的方法や、イメージを取り入れた○△□枠付法や、「壺イメージ」体験を創作法に結びつけたものなど、多岐に発展した。枠付により、体験学習的な性格のものや心理療法的なものへと、個人の適合性や親和性に適した方法が工夫され、妥当性と信頼性に見合う方法が工夫された。また、エンカウンター・グループやカウンセリング研修などのワークショップなど安全性に配慮した場面での実施や、保育や介護などの専門性の高い授業などで実施されていった。それは、個人のニーズに応じた各自が体験しやすい枠付と方法の工夫から成り立つと云える。

4．仮説模式図の適用

先行研究において見出した創作体験における中心過程の仮説模式図は、以下の通りであるが、以下、本論において取り上げる事例をこれらの図から検証する。

（1）内包的模式図：ロジャーズ「クライエント過程のストランズ」(資料1-図1)(1954)とジェンドリン「診断・解釈と体験の深まりの相関図」(同図2)(1963)からヒントを得て表した「リリーの思いの対象と体験過程の深まりの図」(同図3)

（2）外延的模式図時間と空間と行為の一致を指向する動相：「手がかり」から「手ごたえ」に至る創作の演劇的構成から成る「灯台へ」ストーリーラインの図（資料2-図4）

序論（方法論）

（3）創作体験の実践から得た「ふっきれる回復・中心過程」の模式図：「画」創作体験における、ふっきれる回復過程「わける・ゆずる・つなぐ」の構成概念図（資料3‐図5）

（4）中心過程の仮説模式図：体験過程における停滞と推進の模式図および中心過程の模式図および創作体験の実践から導き出した「今ここに生きる成長・中心過程」の概念形成における「内」（思い）と「外」（行為）すなわち分化と般化過程のつり合い・引き合いを構成する「自己推進力」の相関図（「こころをころがせる」成長過程の図）（資料4‐図8）

序章 「灯台へ」創作体験における中心過程について
―A研修会でのIさんの心理的成長―

1. はじめに

　X年のA研修会でのIさんの創作体験の取り組みに触発されて、パーソンセンタードの見方から、それをここに開示して、エンカウンター・グループにおける興味関心別グループで行われた「創作体験」の実際について理論化を試みた。

2. 題

　創作体験は、あるプロット（ここでは「灯台へ」の枠付）に沿って、創作者が個人の物語を綴る方法であるが、グループで行い、創作した作品を分かち合うまでのセッション全体を称する。創作体験では、ハンドル（手がかり）が象徴する「手」とその動作の意味からなぞらえて、書き手（主体、創作者）の「手」、手法の「手」、すなわち技法、さらに、「手」は、「手書き」のように書くという行為と書かれた内容を同時に示すことがあるので、書く体験様式と体験内容を含む。手動するというハンドルの操作的な意味も含まれる。創作体験においては、「手がかり」は、そのような書き手が「着手する」能動的な行為やことばを表す一方、創作において何らかの動機に引っ張られるときの手がかり、あるいは「つかみ手」のような受動的な意味で使う場合がある。この点がフォーカシングのハンドル語と同様である。

本論

3. 目的、定義および基本計画

　本論の構成概念仮説として、先ず、中心過程を想定する。その3つの構成要素として、①機微、②機序、③機縁をあげるとすれば、それらが相まって人生の外延に④機能する有機的な構造を有すると仮説的に定義する。そのときに「手がかり」となるは、創作体験の発端でありそれを「機微」と称する。これら3つの中心過程の構成概念によって仮説を立て、事例に基づいて、創作体験の心理治療的意味を例証するとともに、パーソンセンタードの見方からその機能的構造を明らかにして、理論化するのが、本論の目的である。

4. 中心過程：機微・機序・機縁：と3つの仮説

（1）体験と創作をつなぐストーリーライン（すじ）について

　ディルタイは、『体験と創作』の中で、体験と創作をつなぐ概念として、演劇のことばにちなんで、ストーリー・ライン（物語のすじ）を形成する「行為」(Handlung 独語、英語では act、storyline と訳されている) というキー概念を用いている。旧訳では、体験（独語 Erlebnis）と詩作ないし創作（独語 Dichtung）をつなぐ「動相」の訳もある。この語は、動詞（独語 handeln、英語 to deal, to act, to handle）に由来し、動作を表す「行動する」、「商う」、「着手する」、「扱う」という意味から派生した名詞であるが、「行動」、「プロット」(すじ)、「演劇」、「商い」、「ストーリーライン」(すじがき) などの意味で用いられている。『創作と体験』の旧訳では、文化論的な意味合いが強いが、新訳では、「演劇は行為である」というレッシングの時代の演劇論を反映し、行為の一致性を指向する「すじ」のような使い方や物語に見られる「すじ」の意味をもたせて、「行為（すじ）」のように併記している。(注1) ディルタイに感化されて体験の象徴化を見出したジェンドリンは、それをロジャーズのもとで臨床にも見出して、象徴化を促進する技法としてフォーカシングを開発した。そして、フェルトセンスを概念化する過程で引き出されたことばを handle（ハンドル語）という専門用語を用いて表しているのは、それが行為の

序章　「灯台へ」創作体験における中心過程について

一致性を指向する象徴的なことばであるからである。創作体験では、創作者は、プロット（枠付、ストーリーライン）に沿って書きながらにフェルトセンスの「手がかり」（ハンドル）に触れてゆく。それは、プロットの中で書き手が引き寄せられる何らかの意味を自らの中に見出し、それをストーリーとして開示し、自己表現してゆくプロセスである。そこで、次の仮説が導かれる。

仮説1：創作によって人物の心の動きを綴り、ストーリーラインに反映させる手法として開発した「創作体験」は、創作者が人生の「機微」にふれる「手がかり」を与えてくれ、創作と体験のつながりや仕組みを解明し、心理治療的な意味を示唆する。

（2）創作体験の中心過程にある回復・成長の機序と定義と仮説について

　そのとき、創作と体験をつなぐ中心過程にはどのようなプロセスがあるのだろうか。ディルタイ哲学のジェンドリンへの影響についての先行研究（田中、2005）によれば、ジェンドリンは、それについて「自らのプロペラによって推進するような感情のプロセス」（The self-propelled feeling process、Gendlin, p.123, 1964）（同）があると述べ、その考えは、ディルタイが述べた「体験が思い描いたようには進まないこと―引っぱっていかれること（Fortgezogenwerden ／ being pulled along）」ということばに影響されたと述べている。（注2）これは、フェルトセンスが注意を引き寄せ、これまで思い描いたことがなかったような意外性を伴う意味を返してくる機序を示している。

　原作における「空白」（スペース）と「一本の線」（ライン）の意味について
　ウルフ『灯台へ』において、登場人物リリーが最後に絵のスペースの中心に描き入れたのは、一本の線（line）であった。この場面は作品を占めくくる最後の場面である。そこに詩人のカーマイケルが立ち会っていて、ボートが灯台に着くとともに、カーマイケルは「異教の神」のようにたたずみ、一言「着いたな」という。何も言わなくてもすべて了解しているような風情で、二人は、心を通わせるというものであった。その時、彼女は、vision（ヴィジョ

ン）を得て、長い間描きあぐねていた中心を描くことができた。一本の線は、長い間人々が待ち望んでいた詩人の一言に含められるものを象徴するストーリーラインでもあった。

　筆者は、かつて、この a line を一筋の弦のような琴線に例えて、過去から現在をつなぎ、さらに未来へと共鳴するイメージで解釈したことがあったが、それは、詩もしくは詞の韻律になぞらえたものであった。しかし、そのスペースの中の一筋の線は、一瞬のはかなさをたたえていて、多義性をもっている。リリーの得た啓示は、絵の中心に描いた一筋の線であり、人々の願いである「絆」であり、均整のとれた物語のストーリーラインを飾るものであった。それは、また、抒情的なメロディーラインとなって人々の心の中に残り、物語のモチーフとして読者の心をも引き込んで人々をつなぐ中心過程であった。ウルフ『灯台へ』の原作における作者の分身と言われるリリーの絵の中心にできた空白は、リリーが引き付けられる体験の「中心過程」の「間」である。そして、物語の最後にそこに一本の線が描きこまれたのは、リリーがラムジー夫人像を求める中で、思いの対象との相互作用によって体験過程を深めて得た気づきに至るストーリーラインのプロセスであり、それを、感情の深まりによって、リリーの体験過程が中心に引き寄せられて螺旋形に収束する求心的な「自己推進力」の図で表した。（2015, p.232, 図3リリーの体験過程の推進の模式図）それはまた、過去から「いまここ」そして、未来へと一筋に貫く①ストーリーラインのベクトル図（2015, p.134）（資料1）とも重なるものでもあった。

先行研究より

　書くという行為を通してそれが可能なことをこれまで取り上げてきた。（2003、2014、2015）「灯台へ」創作体験においては、プロットは用意されているものの、これまでの取り組みから明らかになったことは、中身は千差万別、中には、枠付としての「すじ」そのものに変更を加える場合もあり、創作者は、最初の思いとは違った展開や、新たなストーリーラインに引き寄せられる自らにしばしば驚くのである。

そして、このけん引力が、体験過程の中心にあると仮定する。それは、筆者の先行研究で見出した、ふっきれる回復過程にある有機的プロセス、「わける・ゆずる・つなぐ」の中心過程（2014, p.149, 図10「画」創作体験における回復過程の概念構成図）である。そしてまた、これらの構成要素がちょうど3枚羽根のように機能して垂直的な自己推進力になる一方、外延的な行為のレベルでは、ストーリーラインの創出をもたらす「機序」である。これが、創作者に機能性を与え、心理的回復・成長をもたらす潜在力である。論理学的に言えば、それは、体験と概念の構造にある内包と外延の二つの方向性をもつ作用であり、作用・反作用の互いに引き合う応答的関係性のもとに成り立っているのである。それを図で表せば、体験過程の②推進の図（2015, p231, 図1）がちょうど重なって、「わける・ゆずる・つなぐ」中心過程が中央に配置されたの③中心過程の合成図となる。（同, 図2）この合成図は、「灯台へ」のベクトル図に象徴される①「ストーリーラインの図」と重なるので、②「推進の図」および、③「中心過程の図」と一致・統合し、以って、3者を統合した中心過程の仮説模式図としたい。ここからまた、次の仮説が導き出される。

仮説2：これらの図が、事例にも該当し、Iさんは、仮説模式図に集約される過程を経て「今ここに生きる」人間として自らのストーリーラインに沿って心理的成長に向かうであろう。

（3）再構成化（reconstituting）についての定義と仮説

　回復概念の構成要素である「つなぐ」に関連し、reconstituteという語彙をとり上げたい。その語彙を構成するconstituteという英語は、名詞と動詞が同形で、名詞の意味は、日本語で「構成要素」と訳され、動詞は、「構成する」の意味である。これを語原としてジェンドリンは、体験についての概念形成の過程で、他者とのかかわりの中で生じ、人生の向上をもたらす（life-enhancing）、前概念的な意味合いの分化過程を表す用語として、reconstitute（「再構成化」）ということばを用いている。（ジェンドリン、池見, 1999）これは、「体験過程的な一歩が開かれるヒエラーキー」（同）に含まれるメタ概念として重要である。

本論

　不思議なことに、本書の「心理療法」の性質についての記述の中で、ジェンドリンは、この「再構成化」の項目を含む5つの命題すなわち、(1) 治療的なはたらきかけ（work）の次元、(2) 暗在的な部分に対するはたらきかけ、(3) 体験過程的な1歩が開かれるヒエラルキー、(4) プロセスの様式、(5) プロセスから生じるものとしての内容、(Ibid.112) を立てて説明したいとしながらも、結果的には、(3) の後に、(4) 再構成化が加えられている。このことに関連して、訳注には、「原文にはこのような見出しはないが、読みやすくするため、訳者らがつけた」とある。日本版には、小見出しが、便宜的に加えられているということを表している。また、次の訳注 (Ibid.116) では、5つの項目が6つになっているのは、ジェンドリンの思い違いであろうと説明がある。以上、二つの訳注を考え合わせると、(4) 再構成化の項は、ジェンドリンの当初の思惑を超えて、「再構成化」の概念が分化してくるプロセスがあったのではないかということと、それが体験過程のヒエラルキーの特筆すべき内容をもって機能しているということが考えられてくるのである。すなわち、ジェンドリンは、書きながらに、この再構成化の概念を見出し、「ヒエラルキー」（階層図）の構成概念（construct）に加えたと想定されるのである。そして、ここにジェンドリン自身の「再構成化」の概念の思想的発展があったと考えられるのである。つまり、本稿では、この「再構成化」の概念は、心理療法の過程概念の一環として、単独あるいは補足的なものとは違う、他者との関係性から成り立つ中心概念として位置づけたい。ここから次の仮説が導かれる。

　仮説3：創作体験において、新たな概念の構成化が生じる。そして、日常においても他者との「機縁」や相互作用によって、体験の概念化や「再構成化」が進む。

5．方法―「わける・ゆずる・つなぐ」ふっきれる中心過程の析出

　原書の枠づけの基となったウルフ『灯台へ』において、リリーが絵の中心に描き入れたのは、一本の線（a line）であったが、Iさんの事例においても創作体験の体験過程とその後の体験のプロセスにおいて、思いが行為に表れ

る内から外への一筋のストーリーラインを辿り、それが（図1）とも軌を一にするのを見る。

　また、「再構成化」のメタ概念は、概念形成の分化過程のひとつとして、筆者が体験過程の中心過程として見出した「わける・ゆずる・つなぐ」（2014, p.149、2015, p.66）の有機的プロセスの一翼を担うものと仮定して取り上げたい。このプロセスは、「変化の相」（筆者、2014）として、2足歩行のように、ネガ（地）からポジ（図）へ、暗在から明在へ、そして、また暗在へとステップを歩む体験過程のプロセス概念として定義したい。そして、この体験的な一歩が、何らかの体験的「手がかり」（ハンドル）からストーリーラインを紡ぎだし（仮説1）、内と外の双方向に「有機的なプロセス」を展開して（仮説2）、体験後も「再構成化」のプロセスをたどる（仮説3）ことを、以下に「灯台へ」創作体験のIさんの事例から見てみたい。

6. 結果―事例から見た「再構成化」について

（1）事例についての体験過程尺度からの推論

　この事例では、「灯台へ」枠づけ創作体験を、なんとなく興味をもってまるで「他人事」のように自分を書いてみたいという創作者の創作動機があった。これは、「有馬研」や「大阪人間中心の教育研究会」などでこれまで何度も創作体験を経験してきた創作者が、今度は、自分を自由な立場から見てみたい、そのことがおもしろそうだというスタンスで、気楽に自主的に取り組んだ点に特徴がある。「他人事」のような体験様式は、体験過程尺度から言えば、体験から距離を置いた低次のレベルといえる。（段階2）しかし、おもしろそうだというところは、自己関与の表れであり、興味を以て自己について創作すること自体が、相当程度高いレベルと考えられるので、自己関与から外的反応（段階2〜3）へ、そして、創作による表現・表出の段階（4段階）へと「推進」し、体験的歩みを進めてゆくプロセスがあったものと推定できる。そして、実際、創作過程でIさんは、自分を見直すことによって自己概念を再構成化するプロセスがあったと考えた。

本論

〈創作体験の事例〉

　　X年A研修会における3日目関心課題別セッションで、筆者が提案した「創作体験」グループに参加したIさんの創作体験

　◎ 創作体験　―A研修会にて―

　創作体験については毎回不思議なくらい異なる自分を見つけることになるが、今回もまるで他人事のように自分の作品を読むことになった。それがおもしろくて、今回は感想をまとめてみることにした。
　創作体験では、小説のあらすじのところどころに空欄をほどこし、そこに自分なりのストーリーを埋めていく。文章制作は全く自由なので、今回は原ストーリーを改稿したところもあった。
　このところ私は創作体験においては意識の流れのままに書くようにしており、準備無し・非構成で書いていく。以下、今回の作。《　》内は原文の部分。

《イングランドのある海辺の別荘地。ラムジー家では翌日灯台の島へ家族とボートで出かけることになっている。夫人が窓際で6歳の息子と話している。
　「明日は早いから、ひばりさんと一緒に起きましょうね。」
　そのとき主人が現れて、「明日は雨だろうな。」と言う。（事実翌日は雨となり、灯台行きは流れてしまう）息子は傷つき、母はなだめる。以下、3人の意識がそれぞれ綴られる。》
　息子「心を描くのは簡単じゃない。自分のことがせいいっぱいで、何を思っているか考えているか……。明日は雨？　雨は冷たいだろうな。雨は何を思うんだろう。雨が何を思うかなんて、おかしいな、ボク、逃げたいんだな。
　夫人「私が息子のことを思うのはウソではないけれど、それは半分。ホントに気になるのは…。わからない。私は何を思っているのかしら。そうだ、お弁当のことを考えていたんだわ。えっと、チーズはあったし、パンもあった。いや、パンは新しいのを焼くことにして…。」
　ラムジー氏「まちがいなく明日は雨。雨は冷たいが、それが雨。もし晴れ

るとしたら・・・、いや、つい息子のことを思いやってしまった。雨に洗われるそれぞれの心、それが問題なのだ。さて、だからといって、私がそれをたしかめるわけではない。人とはわからないものなのだ。」
《その他、画家でラムジー家に出入りしているリリーが風景を描きながら、「真ん中には紫の三角形を描き入れましょうか。」と言い、筆を入れながらラムジー家の人々のことを思いめぐらしている。》
　リリー「三角形？！なぜ三角形なのか？自分でもわからない。まして、ラムジー家のことなど、私がわかるわけがない。あすは雨かしら。雨は冷たいだろう。イングランドの雨は冷たい。冷たい雨は何かを覚醒させる。（こともある）覚醒するものは何か？
《息子ジェイムズを寝かせたラムジー夫人は、夕食の準備をしている。そこへ主人が入ってきて、会話を交わす。》
　夫人「ジェイムズはキズついていたようだけど、あの子はまるでもう子どもじゃないみたい。目が、あしたの雨を見ているんですよ。雨が・・・あの子にはどう映っているんでしょう？」
　ラムジー氏「雨は冷たいんだ。あの子にはそれが見えるのか？　見えたとしたら、何かがわかるだろう。それがどういうものかはあの子の目の奥にあるだろう。」
《夕食後、一人きりになってラムジー夫人は光を投げかける灯台をうっとり眺めて一日の感想を述べる。》
夫人「降る雨が私たちを濡らす。冷たくて、しっとりとして、何かを語るように。ジェイムズは受け取る。雨のことば。逃げようったって、それは雨だもの、ジェイムズも濡れる。」

《第２章「時は流れる」一〇年の歳月が流れ、戦争があり、ラムジー夫人は亡くなって、別荘も荒れ放題になる。》

〈時の流れのエチュード〉
雨はすべてを濡らし、やがて去り、
少しの日差しを見せて、また降り続く。

本論

少年を濡らし、灯台を濡らし、
兵士を濡らし、銃を濡らし、戦場を濡らす。
肩を濡らし、手を濡らし、目を濡らし、頬を濡らす。
母は逝き、家は朽ち、
雨は、歴史を濡らす。

《第3章「灯台」第1章と同じ設定で始まる。しかし、ラムジー夫人の姿はなく、皆回想にふけっている。灯台行きが実現し、海の上では今や１６歳のジェイムズがボートの舵をとり、父親のラムジー氏と娘のキャムが乗り込んでいる。「何かが欠けている」とラムジーは思う。》

　ラムジー氏「何かが欠けている？　そうだ、何かが欠けている。それがわかることがどうだというのか？　近づいたり離れたり、遠ざかったり、近づいたり。そして私は老い、子どもたちは大人になる。

　ジェイムズ「母が逝き、父は老い、ぼくは１６歳になり、姉もおとなになった。ぼくはひとりだ。一つのボートに家族が乗る。それでもぼくはひとりだ。やがてボートは灯台に着き、ぼくは飛び降り、姉の手を取り、灯台へと進む。父は遅れて岩を踏みしめつつ歩く。

　ぼくは灯台の向こうに海を見るだろう。海は、珍しくはない。そして、ボートに戻り、ぼくは家を離れる。」

　キャム「ジェイムズは海の向こうを見ている。父はジェイムズを見ている。私は、私の手を見る。灯台へ行くのに、なぜ手を見るんだろう。灯台は特別なものじゃない。でも、家族にとっては、歴史の証し。家族みんなで灯台に行くんだわ。母もそう言っていた。「家族みんなで灯台に行くのよ」って。ジェイムズは海の向こうを見ている。父はジェイムズを見ている。私は私の手を見ている。」

《丘の上では一〇年前と同じ位置でリリーが風景を描くが、構図がばらばらで中心が描けない。》

　リリー「構図がばらばら？　でもそれが今の私の絵。中心はない。片寄って、傾いて、語ってみて、遠ざかって、近づいて。そりゃあ、ばらばらなはずだわ。」

《やがて、ボートは島に着き、父親はジェームズに「よくやった」とねぎらいのことばをかける。ジェームズはひらりと島に飛び移り、灯台に向かって駆け

る。キャムは「このことばを待っていたのだわ。」と思い、皆はこころを通わせる。ジェームズはひらりと島に飛び移る。キャムと父親はあとに続く。》
　ジェームズ「過ぎ去った日々と、これからの日々。そして今は灯台へ。今はすなわちこれからの日々。さて、僕って何？」
　父「過ぎ去った日々と子どもたちの将来。そして今は灯台にいる。私の足下が灯台の島なのだ。そして、娘も、息子も。」
《このとき、丘の上のリリーの絵には中心が入る。》
　リリー「おや、中心が入ったみたい。いったい何なのかしら？　私にもよくわからない。灯台は…。雲が出てきたみたい。しばらくたったら、雨になりそうね…。」

　　　　　　　　　　　　　　　　　　　　　　　　　　　　　了

　今回の有馬研修会では、小グループにおいて、私が批判を受け、少なからずショックを受ける場面があった。そのあと、批判をした人たちと私と、それぞれ期せずして自分自身を語る場面があり、私は「他者のことはわからない、ということをつくづく思う。それぞれがひとりだ。」というようなことを言った。
　あまり伝わらなかったかもしれないが、私は本気だった。単純なことではあるが、「他者のことはわからない」ということを自覚するのは難しい。批判を受けた時点では、そんなことは言わなくてもいいのに、くらいに思い、逆に私が批判的な気分になったが、批判の背景とも言える個々の心の経験を聴き合うことにより、言葉の背景やその人自身のことを少し理解できた気がした。
　時間的には、「創作体験」のほうが一日早かったわけだが、自分の中の他者がすでに何かを予言している。他者性を暗示するのは「雨」であるように思う。雨がなければ救われない。それぞれがひとりである。
　この創作を自分なりに解釈してみる。
　父も母も子どもたちへの「言い聞かせ」はない。だれも懐かしみや思いやりをおもてにはださない。（少し出しているかな）それでも父母には子どもへの優しさがただよう。子どもたちにはそれぞれの自立の心情がうかがわれるが、感情的にはならない。周りには従うし、むげにはしていない、ように

本論

感じる。

　リリーは絵を通じて家族の情景を無意識に映しているようである。雨とはまた異なった意味で外から見ている。当然彼女もひとりである。
　私が求めるもの、口に出したいもの（その代わり文章で書いている・・・書ききらない部分もあるように感じる）、あるいは好みなどが、当然かも知れないが、表現されている、ようだ。（まるで他人事。自分で書いたのに・・・）

　　　霧の中　　　　　　　　　ヘルマン・ヘッセ　　高橋健二訳

不思議だ、霧の中を歩くのは！
どの茂みも石も孤独だ、
どの木にも他の木は見えない。
みんなひとりぽっちだ。

私の生活がまだ明るかったころ、
私にとって世界は友だちにあふれていた
いま、霧がおりると、
だれももう見えない。
ほんとうに、自分をすべてのものから
逆らいようもなく、そっとへだてる
暗さを知らないものは、
賢くはないのだ。

不思議だ、霧の中を歩くのは！
　人生（いきる）とは孤独であることだ。
だれも他の人を知らない。
みんなひとりぽっちだ。

　ややつきはなされるようにも読める詩だが、だれも皆ひとりぽっちという、徹底した平等性の認識を感じさせられる。役割は異なっているが、右の文章

における「雨」が、この詩では「霧」である。雨はすべてのものを隔てなく濡らし続けるが、霧は隔てなく何も見えなくさせる。そのような、覆い尽くすもの、それは求められるものであったり、気付かせてくれるものであったりするのだろう。

考察—Ｉさんの創作体験について

（１）Ｉさんの創作体験について

　この創作体験は、Ａ研修会の３日目のいわゆる小グループの合間に、課題関心別グループとしてなされ、創作体験が小グループ体験に微妙に反映している。Ｉさんはそれを、創作体験がグループへの「予言」すなわち予見的な反映になったと表現している。自分を「他人事」のように見てみるとどうなるであろうか、Ｉさんは、それを作品のモチーフの「雨」に寄せて綴っている。そして、その後のグループ・セッションでは、同じグループメンバーからＩさんの気持ちが「わからない」と批判されるが、Ｉさんは、ショックを受けつつも、自分や人々にそそぐ雨に象徴化したそのフェルトセンスを開示して、自らを積極的に語る経験をした。さらに、Ｉさんは、研修後一か月ほどして、創作後の感想を寄せたが、その中で、ヘルマン・ヘッセの「霧の中」(高橋健二訳) という小詩に寄せて、霧の中に孤独を生きる人間の姿を自らに照らした。これは、体験過程の探索的な段階（段階５）である。これは、創作者Ｉさんがナレーターとして、自由になり、客観的な立場から「個」としての自分に直面して、受け入れていく姿ではなかっただろうか。

　「他人事」のように自分の思いを創作体験で表出・表現したＩさんは、リリーの立場から実感を語る。そこから「絵の中心」にそのときは言葉にはならない何らかの手がかり（handle, ジェンドリン）を得た。そして、その体験を「他人事」のよう…と同じ言葉で結んでいるが、今度は、自己の見方に他者の見方が含まれて、「…」に見られるように何かしみじみとした感慨が前概念的な「手ごたえ」として感じられるのである。そして、小グループで「自分の中の他者」について発言するが、「わからない」というフィードバック

を受けて、ショックをうける一方で、Ｉさんは、よく話していくうちに相手の背景が少しわかったように思えてきたと述べている。これは、Ｉさんが自己概念を柔軟にしてゆき、「再構成化」する一歩ではなかっただろうか。そして、このことがあって、エンカウンターグループ後も、自己探索を続けて、ヘッセの「霧の中」の詩に出会い、創作体験で自ら綴った「雨」の詩と共鳴する同質なものを追体験し、これを「平等性」という言葉で表現した。Ｉさんは、後にこの点について、人間の「徹底した個別性」は、「連帯性」につながると述べた。それは、雨や霧に寄せて「今ここに生きる」在り方として「個」を受け入れて行った姿であると思う。

　このような自己開示が、創作体験とグループ体験の相互関係の中で行われていることも重要である。（１）創作によって、自己の内面に触れ、作品化する一方、分かち合いのセッションで、聞きあい話し合う中で、作品とともに自己が受け止められていく。そして、（２）グループの中で自然に自己開示してゆくプロセスがあった。そこでの相互関係は、体験を内から外へと行動に移すさらなる一歩であった。そして、（３）グループ後の探索的な体験（段階５）からヘッセの詩をめぐる気づき（段階６）へと、一気に思索を深めてゆくＩさんの洞察と心理的成長への歩みがあった。

（２）作品から見たＩさんの自己概念の「再構成化」について

　それでは、このような体験過程の推進や体験的歩みを可能にしたのは、創作体験の何であったのかを次に検討したい。「冷たい雨」が象徴する第１章の登場人物の現実感や心の葛藤の後にくる物語の中間過程の第２章に注目した。これは、物語の前半の家族のやり取りや葛藤を一旦置いて、雨に寄せて創作者がその時の思いを創作者の言葉を借りれば、まるで「手が書く」ように自由に綴った詩である。この「時の流れのエチュード」は、「すべてを濡らす」雨に寄せてジェームズと灯台をつなぎ、二つの大戦のはざまを濡らし、逝ったラムジー夫人と朽ちた別荘を濡らし、「歴史を濡らし」、時を超えて人々を濡らし、未来を照らしてゆくという調べを奏でるものであった。これは、内包的な分化（「わける」）の過程とふっきれて新たな段階へ「ゆずる」

序章　「灯台へ」創作体験における中心過程について

プロセスを含み、次の第3章のリリーの実感に続くものとして、作品の中心過程を飾るものであった。そこから最後のリリーのセリフ、「中心が入ったみたい。一体何なのかしら？灯台は…。雲が出てきたみたい。しばらくたったら雨になりそうね…。」に続き、言葉にはならないが何らかの手ごたえを得るのと、絵の中心が入る「手ごたえ」に結実する「象徴化」のプロセスがあった。その後、Ｉさんは、創作体験を振り返り、それを手紙にして、創作体験についての「感想」と「自分なりの解釈」を試みているが、この体験後の一連の取り組みこそは、Ｉさんが体験過程を推進（carrying forward）してゆく「再構成化」のプロセスであった。

なお、Ｉさんの創作作品の第3章におけるプロット（枠付）の一部の修正箇所は、Ｋ式改訂版「灯台へ」枠付創作体験法では（息子が父親の後を追う立場を逆に）改めている、ウルフの原本とは違う箇所であるが、古い版を踏襲しながら、さらに自分なりに簡略にして、直している箇所であることを断っておきたい。Ｉさんは、この時点でプロットそのものを変えるほどの自由度を保ちながら創作している点に注目したい。

（3）創作体験とその後におけるＩさんの中心過程

創作体験後のＩさんの手紙から

最初は、「他人事」のように軽い気持ちで始めた創作体験であったが、自分を客観的に描こうとしてそのように表現してゆくうちに、今まで取り組んできた創作体験のテーマが深まって、なかなか絵の中心が描けない作中人物のリリーの心境と重なっていった。しかし、時の流れを綴った第2章の後、リリーは、まるでふっきれたように洞察し、その段階ではまだ言葉にはならない「手ごたえ」のようなものを絵の中心に見出し不思議な満足感を得る。

この手ごたえからＩさんは、振り返りで述べているように、エンカウンター・グループの小グループに戻り、その時の実感を「自分の中の他人」ということばで開示する。これは、リリーの立場を反映したものと思われるが、「わからない」というメンバーからの意外な反応を得て、最初は、それに戸

本論

惑いながらも、他者の言っていることや背景などが少しわかるような気になってくる。これは、自己概念が少しずつ柔軟に変わっていくプロセスであった。そして、Ｉさんはグループ後も自己探索を続けた結果、ヘッセの詩に出会い共鳴する気づきが拡大する体験となった。

ヘッセの詩からＩさんは、雨や霧に寄せて「平等性」という新たなことばを得て、「個」としての「今ここに生きる」普遍的な在り方を学び、それを次第に受け入れてゆくＩさんの成長・中心過程があった。Ｉさんが「予言」という言葉で表しているものは、創作体験で得た手ごたえに応答する生き方を、自己開示という行為で表し、その後も自己探索を続けるという形で、本に接し、ヘッセと出会う。これは、思いが行為に反映して、まるで引っ張られるように内と外がつながってゆくプロセスであった。

結論

以上、創作体験がきっかけとなり、創作者の中でストーリーラインが引かれてゆき、以後の人生に反映されてゆくという体験の中心過程の仮説は、「今ここに生きる」Ｉさんの姿に例証された。

こうして、基本計画に沿って論考した創作体験の中心過程の構成概念仮説は、①〜③が示す仮説模式図を、Ｉの事例の体験のプロセス(1)〜(3)から辿ることによって、３つの段階ごとに自己推進力の３つのプロペラ（構成要素）からなる中心過程が作用し、「いまここ」を中心にして独楽のようにゆっくりと体験を深めていく一方、過去から未来に向けたストーリーラインに行為（すじ）を反映してゆくことが立証された。すなわち、パーソンセンタードの人間関係のもとで、個人の体験の内と外が引き合う、すなわち、内包的な有機的作用は、人生の外延に応答的に行為となって作用することが裏付けられた。このことから、創作体験の体験過程心理療法としての理論的根拠と機能的構造が明らかにされた。模式図が追試可能な形で体験過程と体験のプロセスを示したことは、本論の成果の一つと云える。今後は、さらに事例を積み上げて行き、創作体験がよりわかりやすくなじみやすいものになる工夫をしたい。

序章　「灯台へ」創作体験における中心過程について

（注1）なお、「ハンドル」の原語と思われるディルタイが用いた独語 Handlung は、語彙的には動詞　handeln ＋ －ung の名詞形である。その原義の意味は、辞書（Deutsch-English）によれば、1. action 2. plot 3. act 4. action of drama 5. activeness 6. activity 7. deed 8. operation 9. shop 10. story line 11. story line 12. commission 13. trade が挙げられ、意訳によって、「動相」と訳されているものや、辞書的に、「行為（すじ）」と訳したもの（柴田）がある。前者は、古い訳であるが、個人と歴史文化の関連を際立たせ、古典調の訳ながらわかりやすい。しかし、後者の岩波新書の柴田訳は、原義が含む act（行為）や storyline（すじ）の意味を掬い取ってより正確に翻訳したいという意図が見える。これらの意味は、おそらく、演劇用語の act「一幕」やセリフの詩 line「詞」にも由来するであろう。

（注2）ジェンドリンは、この「自己推進的な感情のプロセス」を次のように説明している。
　　フォーカシングに取り組んでいると、注意の向け先に動きが出る。すると、クライエントは、ふと、自分が選んでも思い描いてもいなかった方へと引っ張っていかれている（he find himself pulled along）のに気づく。グイと引き付けられるような大きな力が生じてくるのは、まさにそのとき感じている、ただじっと注意を向けた先からなのである。（田中、2005 から引用）

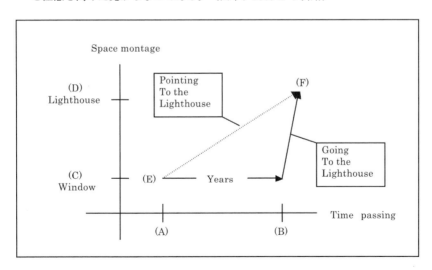

**Diagram (1) Psychological Vector to the Lighthouse
(by Time and Space Montage)**
図1―ウルフ『灯台へ』のストーリーラインのベクトル図

本論

参考文献

ディルタイ、柴田治三郎（訳）、体験と創作（上）、1961、p.15、岩波文庫.

ユージン・ジェンドリン、池見陽（著）、池見陽、村瀬孝雄（訳）、セラピー・プロセスの小さな一歩―フォーカシングからの人間理解―、1999, 金剛出版、115-116.

村田進、創作とカウンセリング、2003、ナカニシヤ出版.

村田進、創作と癒し―ヴァージニア・ウルフの体験過程心理療法的アプローチ、2014、コスモス・ライブラリー.

村田進、体験過程心理療法―創作体験の成り立ち、2015、コスモス・ライブラリー.

田中秀雄、ジェンドリンの初期体験過程理論に関する文献研究（上）、（下）―心理療法研究におけるディルタイ哲学からの影響、2004、2005、60-61、明治大学図書館.

第1部

創作体験法の展開

第1部　創作体験法の展開

——概要——

1．つくる創作体験

（1）体験と創作——つくる創作体験の実際

　創作体験は、体験と創作が結びついたところで実地に行われる。すなわち、体験を綴ることによって、物語が生まれる。このセッションでは、あらかじめ枠付すなわち「すじ」を提供し、そのストーリー・ラインに沿って新しい自分物語をつくっていく。これを「つくる」創作体験と称する。これまで、枠付として、「灯台へ」や「○△□」や「ペガサス・メディテーション」や「松林図」などをとり上げてきたが、他にも様々なユニークな枠付が考えられる。例えば、「乗り物」や「壺」や「傘」や「葉っぱのフレディー」や「星の王子さま」や「淋しがり屋のクジラの話」などである。既成作品やイメージ療法や絵画療法などをとり上げることも含め、まったく新しい枠付を「つくる」ことも自分らしさの発見につながるであろう。以下は、次の場面で実践されたつくる創作体験の実際である。

　エンカウンターグループ／人間中心の教育研究会（資料2）／教育センター／高校相談室／大学教育学部講座／現職教育／専門学校保育・介護科／自殺防止センター・電話相談などの講座での実習

〔教育センターでの実践〕
1．ペガサス・メディテーションと臨床

（1）イメージ体験（瞑想）と創作の組み合わせ（コラボレーション）

第2章 「創作体験面接法」の開発と方法について

―パーソンセンタードの課題グループの中で取り組まれた「創作体験」の面接法としての開発と試行：「乗り物イメージ（ペガサス・メディテーション）創作体験法」―

はじめに

　エンカウンターグループは、パーソンセンタードであることを目ざし、参加者の自発性にゆだねる。ファシリティターは、グループをリードするのではなく、グループの関係性や深まりを促進する促進者の立場である。筆者が「パーソンセンタード・アプローチによるエンカウンターグループ経験と人間中心の教育研修会」（有馬研修会）で提案してきた「創作体験」は、エンカウンターグループのスケジュールの中で、課題・関心別グループの一つとして構成された課題中心のグループであった。一方、「創作体験」は、これまで主にグループで試行されてきていたが、最近、ファシリティターと少数のメンバーや1対1の関係でも試行され、面接に近い状況でなされていた。これは、「創作体験」という方法が、結局、書くという一人ひとりの課題が中心となる側面から個別法や面接法にも親和性があるのではないかと考えられた。本稿では、そのような観点から、面接法として新しい「創作体験法」を考案し開発した、その試行の実際について述べたい。

キーワード：体験のプロセス、体験過程、創作体験、創作体験法、「時制」

1．問題と目的

　「創作体験法」を開発・試行するに当たって、ロジャーズの体験のプロセ

第1部　創作体験法の展開

スを重視するプロセス志向の心理療法と、ジェンドリンの体験過程を重視する方法が考えられた。筆者は、個別法あるいは面接法の開発のために、個人の体験過程に特化する一つの方法として、内的時間を取り上げて、「過去」、「現在」、「未来」といった枠づけ（時制）から新たな創作体験法の開発が可能なのではないかと考えた。カウンセラーとクライエントの対面的な関係を前提とする面接において、個別法あるいは面接法として、創作体験における個人の体験過程に焦点を当てていけば（フォーカシング）、創作体験法は、個別法あるいは面接法として成り立つと仮説を立てた。つまり、個人の「過去」、「現在」、「未来」といった時間軸を起点に、私的な物語創作を行えば、個人はそれぞれの体験過程に触れていくことができるような方法を考えた。

2．面接法における心理療法的時間構造について

　心理療法的時間の枠づけ（構造）は、「時制」という概念で酒木保らが考察している。(酒木ら、2005、p.85)「色枠による家族表現と時制と語り」と題された論文で、酒木らは、「枠付け家族画の「枠」に「家」という意味を含ませ、「現在の家族」→「未来の家族」→「過去の家族」→「もし過去の何かが違っていたらと仮定した「過去の家族」→「この過去を前提とした「現在の家族」→この現在を前提とした「未来の家族」の順に描き、またあらかじめ抽象的表現での描画を許可することで、ナラティヴ・セラピーの過程を促すことができると考えたものである。」と述べている。この心理療法は、「時制」という時間構造を描画や物語の中に織り込んでいる点で示唆的であった。筆者は「創作体験法」にもこの「時制」の概念を応用することができると仮定し、新しい創作体験法の開発を試みた。

3．未来志向の時間構造をもったペガサス・メディテーションと創作体験法（乗り物イメージと創作体験による組み合わせ法）の開発

　「創作体験法」は、第1章における過去志向の時間の相（時制）と第2章における10年間にわたる時の流れの時間の変化の相と第3章における現在

から未来志向の時間の相という３つの時制から構成されているが、筆者は、『灯台へ』第３章の構造と時制に着目し、何らかの身をゆだねる乗り物に乗って、目標を目指すという、未来を志向する体験のプロセスに特化した簡易法としてイメージワークと創作を結びつける方法を考案した。

　先ず、物語の教示において、「過去」は予め星座の背景として置くところから始めた。そして、第３章におけるボートで灯台へ向かう場面を、何らかの乗り物に身をゆだねて目的地に向かうというより自由度のある設定に代えてイメージワーク（メディテーション）を行う工夫を加えた。乗り物に身をゆだねるイメージは、「今ここ」の安全な場面に身を置いて、比較的現実的なイメージ構成の中で、目的に向かって進む中で一歩前に踏み出すという、未来志向のイメージ体験をめざすものであった。これは、『灯台へ』第３章で、人々が船で灯台に向かい、心を一つにするまでのプロセスを、乗り物イメージによって実現することを仮定したワークであった。また、ウルフが登場人物に託して、創作しながら自らの体験過程を深めていったように、創作体験においても創作者が創作を通して自らの体験過程を深めることができると仮定したものであった。これは、フォーカシングにおけるフォーカサーの役割に近いものかもしれない。

乗り物イメージの特質

　筆者は、いくつかのケースで試行を重ねた結果、乗り物イメージワークを発案し、その特質として、目的地に向かう未来志向がある点、乗り物に身をゆだねるのはカウンセリングにおける受動的態勢と共通している点、したがって、イメージ体験に誘導しやすい点、一か所に固定しない可動性が表層的で現実的なイメージを生み出しやすい点、この点では、壺イメージなどの深層的なイメージ体験とは異なる側面を表現・表出するのに適している、つまり、現実に直面している困難や日常レベルの問題性を表すのに適している点、逆に、空に羽ばたくような空想的なイメージをかきたてる点、特に、ハンドルを操作する主体性が保持される点、カウンセラーと協働してイメージ体験を取り組みやすい点、時間と空間と行為の一致の場面構成をしやすい点、すな

わち、劇的構成を行いやすいので、創作には適している点など特徴を明確化できた。このワークからクライエントは、様々な動物や想像的な乗り物を思い浮かべたので、特に、天馬ペガサスから、ペガサス・メディテーションと命名したいきさつがあった。

4．ペガサス・メディテーションの実際

　教示：先ず、目を閉じて、瞑想（メディテーション）によって、夜空に広がる天馬ペガサスをイメージする。その星座にはあなた自身の現在に至るまでの過去の経験が含まれていると仮定する。そのコンステレーションをスクリーンとして、そこに現在の自己を置き、目標となる場所を思い描く。次に、乗り物に託してそこにたどり着くまでの体験のプロセスを辿る。天馬ペガサスにまつわる神話には、あまりにも早く大空を翔け過ぎて、頭が胴体からちぎれてしまったという悲劇がある。何を目指して、どこに行こうとしていたのであろうか？　この神話をベースにして（枠づけ）、「今ここ」という時・空間の中で、目標に向かってゆっくりと進むという体験過程である。次にそのストーリーを書き綴る。そのことによって、個人が体験過程に触れていくことを目指す。

手続き（資料１）

（１）　瞑想にふさわしい環境を整える。
　気持ちを楽にできるような部屋や自然環境の中で、一番落ち着く場所を選び、意識の集中を妨げるような環境要因を取り除く。

（２）　リラクゼーション
　呼吸を整え、からだをほぐし、イメージに身をゆだねやすいようにリラックスしたからだの状態にする。

（３）　目を閉じて、次の順にイメージ誘導を行う。

第２章　『創作体験面接法』の開発と方法について

① 状況をイメージする。例えば海岸や野原や大空など。
② そこに馬などの動物や自転車やヨットなどの乗り物を思い浮かべる。
　（乗り物にたよらず、歩いたり、泳いだりしてもよい）
③ 次に、目的地を思い浮かべる。
④ その目的地に向かって、乗り物などで進む。
⑤ 必要なら何か補助具を思い浮かべる。馬車や手綱や杖など。
⑥ 目的地に向かって旅をする。途中の変化の様子を語る。
⑦ 困難な状況や選択場面で工夫や創意を働かせる。（カウンセラーが介添えをしてもよい）
⑧ 目的地に到達したらその場の様子やその時の気持ちを聞く。（特に目的地に着かなくても、途中の様子や気持ちの変化について聞く）
⑨ 乗り物から降りて、補助具とともにそれを星座に収める。
⑩ 状況、場面から遠ざかる。
⑪ 目を開けて現実に復帰する。（夜から昼へ移行するイメージを使ってもよい）

5．結果と考察

　【事例１】パーソンセンタードの研修会で実施したグループワークから抽出したペアでの創作—自立のテーマをめぐって

（１）ペガサス・メディテーションの実際

　Ｘ年Ｙ月某日、グループ・ワークの取り組みのうち、二人の女性のペア・ワークの記録の一部を抜粋した。

（資料１）〈教示〉

第1部　創作体験法の展開

ペガサスメディテーションの教示

星座を天翔る天馬ペガサスのように、クライエントは目を閉じてイメージで、馬（乗り物）に乗る（歩くのもよい）。自己や他者イメージを自由にこころに馳せ、イメージの作用を働かせ、また、利用して、自己・他者概念の変容や行為やライフスタイルや対人関係の改善を目指す。

1、瞑想にふさわしい環境を整える
　気持ちを楽にできるような部屋や自然環境の中で、一番落ち着く場所を選び、意識の集中を妨げるような環境要因を取り除く

2、リラックス
呼吸を整え、からだをほぐし、イメージを解き放ちやすいような、リラックスしたからだの状態にする

3、目を閉じて、次の順にイメージ誘導
　　　① 海岸や野原など状況をイメージする
　　　② そこに馬など動物やヨットなど乗り物を思い浮かべる
　　　　（乗り物に乗らず、歩いたり、泳いだりもよい）
　　　③ 次に自分がそれに乗るイメージ体験をする
　　　　（必ずしも乗らなくてよい）
　　　④ 必要なものや補助具を思い浮かべる。手綱や杖など
　　　⑤ 目的地に向かって旅をする。途中の様子や変化を語る
　　　⑥ 困難な場面では工夫・注文をきかす
　　　　（カウンセラーの介添可）
　　　⑦ 目的地に到達したらしばらくその場にいて状況を述べる
　　　⑧ 乗り物から降りて、補助具とともに星座に残す
　　　⑨ 場面を消す
　　　⑩ 目を開けて、現実に戻る

第2章 『創作体験面接法』の開発と方法について

(1) 結果　M子とY子のペガサス・メディテーションのプロセス
　　（資料2）

ペガサスメディテーション	X年Y月某日
音楽	喜太郎
参加者	M子、Y子
場所	研修室

10:10

M子	Y子
馬ではなくて違ったものが出てきました。 あっ、しゃべったらもう消えてしまいました。 いくつかの動物。 ペガサス（白） 白い　　チラチラ一つ 象　　にまとまる イル カ 場面 イル カ 星空の中を泳いでいます。 乗　る	ユニコーンの頭、優しい （頭の）目。 足が見えない。 羽が見えるような、見えないような。 場面 夜空の星型の星に乗っている。 足が見えないかわりに星。 たてがみがなびいている。 スピード感 or 風？ 乗　る

41

第1部　創作体験法の展開

スベスベ一体化している。	フワフワ（たてがみに顔をうずめている）。
向こうに大きな明かりがあってそこに向かって進んで行っています。	さっきはスピードがあった。今は気持ちのよい状態でとどまっている。
光の中に入ります。すごく明るい。	同じ状態です。
明るいところが通路。トンネル。	ずっとこうしていたいのに、ユニコーンが月で誘っている。行くのが怖い。ここにいるのも不安。＜恐る恐る行ってみる＞
ちょっと黒っぽい出口。＜出口に向かって進んでみますか＞目の前に大きな黒い惑星が見えます。	乗っていて星がなくなり、前足も見える。目的がなく不安もなく、動き回った。上半身のアップ→筋肉質の身体全体が見えている。
目の前の大きな星に着きたいがなかなかつけない。気流か何かに妨げられている。着地できない。	スピードが上がりしっぽと後姿が見える。私は進んでいる。

第２章　『創作体験面接法』の開発と方法について

（ちょっと待ってる）	周りのうずまいている星の真ん中に進んで行っている。 私は行き先を 知っている。
でき そう。 無茶。恐い感じ。 少したつとおだやかな感じ。 着陸できそう。 噴水、池、湖 イル カ	真っ暗な時間のない空 間にいます。
池の中にキラッと光る金色の ものを ひろいました。 コイ ン。 イルカがコインを食べました。 何か起こりそう。	自分もユニコーンもゆっ たりとして 立ち止まっている。遠くに行って小さく見える。
イルカがとけてしまった。何か になりそう。	＜遠くに行ってもとに戻 れそうですか？＞ こちらに頭を向けているので戻れそうです。
イルカとけて水になった。 ＜一人でいてどんな気持ち？ ＞ とても落ち着いて、ここがいる ところだという 気持です。	戻って、ユニコーンの頭 の辺りが大きい。 しっかりしがみついてい たい。 ＜しっかりしがみついていると安心できる＞
目的地に着いている。	＜どこに収めま すか？＞

<どこに収めますか？> 地平線の上。 真ん中にオレンジっぽい星が光っています。 コインかもしれません。	天頂に収める。 頭のつのと、首までの部分とたてがみも 左に向けて私の方を見てもらう。 目はとてもやさしいまま。

終了
11:05
面接
Y子（逐語参照）
自分とユニコーンはパートナー
ペガサスは力強い
ユニコーンはけがれなき乙女のところに近寄ると解釈

M子：創作作品を約2ヵ月後に提出、（資料3）

（2）Y子との面接から：イメージ体験の詳細（逐語記録）

　目を閉じるとそこにはユニコーンの頭、やさしい目が見えました。
　（そこに向かう翼の馬の）足と羽が見えたり、見えなかったりしていました。
　私は夜空の星をかけていました。
　足を透かして星が見えました。
　たてがみがなびいていました。
　風でしょうか？　スピードからでしょうか？
　私はフワフワしたたてがみに顔をうずめていました。
　さっきのスピードは今は気持ちのいい状態に変わっていました。
　このままずっとこうしていたいのにユニコーンは月で私を誘っていました。

行くのが怖い。ここにいるのも不安でした。
　恐る恐る行ってみました。
　（翼の馬に乗っていると）星が見えなくなり、前足が見えました。
　目的がなく、不安もなく、動き回りました。上半身のアップ、筋肉質のからだ全体が見えていました。
　スピードがあがりしっぽと後姿が見えました。
　私は進んでいました。周りのうずまいている星のまんなかに進んで行っていました。
　私は行き先を知っていました。今私は真っ暗な時間のない空間にいました。
　自分もユニコーンもゆったりと立ち止まっていました。
　遠くに行っていますがこちらに頭を向けているので戻ってこれそうです。
　ユニコーンの頭の辺りは大きくて、しっかりしがみついていたい。
　しっかりしがみついていると安心できました。
　戻ってきました。
　天頂にユニコーンをつなぎました。頭のつのと首のたてがみを左に向けて、いつまでもやさしく私の方を見てもらいました。

〈面接のフィードバックから〉
　カウンセラー：大変興味のある物語でしたが、あなたなりに説明をお願いします。
　Y：ユニコーンは友人です。私はペガサス（天馬）に乗って星をかけていました。ペガサスは力強かったです。

第1部　創作体験法の展開

(3) M子の創作作品
(資料3)
ペガサスメディテーション
M子のストーリー

　私は、宇宙の中を白いるかに乗って泳いでいました。
　星々の間を泳ぐのはとても気持ちの良いことでした。
　ずうっと進んでいくと出口がみえました。出口から出ると大きなしま模様の惑星が見えました。
　着陸しようとしますが表面に嵐のような風が起こって着陸できません。
　少し待つとおさまるような気がしたので、少し待つことにしました。
　すると、嵐はしだいに収まってきました。
　いるかといっしょに降りて行くと美しい庭園がありました。
　噴水のある池に降りることにしました。
　いるかといっしょに池で泳いでいると池の底からきらきらと光るとても美しい金貨が見つかりました。
　手に持つときらきらと光ってあたりを照らしだします。
　すると、いるかがその金貨をごくりと飲みこんでしまいました。
　すると、いるかは光を放ち、光の中で池の水にとけてしまいました。
　私は、「いるかは、私をここに連れてきてくれるために現れてくれたんだ」と思いました。
　すると池から光があふれて、まわりの山々、果樹園、庭を白い光が満たし、とても美しく輝きました。
　私は、「ここが私の居るべき場所なんだ。」と幸せな気持ちになりました。
　私はいるかを地平線の少し上に星座として置きました。
　その胸のあたりには金貨のようなオレンジ色の星が輝いています。

(4) 考察

　・ペアワークの効用あるいは、イメージ共感について：
　M子とY子によって同時進行した二つの経験のプロセスは、あまり相互に

第 2 章　『創作体験面接法』の開発と方法について

干渉し合うこともなく、二人はイメージの体験に没頭していたのが印象的であった。そして、出来上がった作品が物語っているとおり、同じペースを保ちつつも、イメージ内容が自己の一面を表すストーリー性を保っていることが、このようなペアでの実践を可能にしていると思われる。つまり、カウンセラーのイメージ導入によって、また、適宜の介入によって、2人のイメージの進行が、できるだけ妨げられないように配慮しつつ、ペース配分してゆくことが大切であり、節目（フェーズ）、節目で待ってあげることなど、それぞれが満足できるように、調整するコツがいるということである。その点について、2人は、各自のイメージ体験に没入しながらも、カウンセラーの誘導から、お互いのイメージの流れに気づいており、その点では、影響し合い、イメージ共感しながら、同じようなペースでかつ固有のペースをたもちながら、時にはゆっくりと待ってあげて、先走ることなく、物語の場面（フェーズ）ごとに区切って、焦らず足を引っ張らず、お互い協力して体験を進めて、イメージ拡散が生ずるどころか、自分のイメージのリアル感に気づき、驚くプロセスがあった。このことは、グループでの実施も可能であることを示唆している。エンカウンターグループでのファシリテーションと似た配慮があれば、すなわち、パーソンセンタードに駒を進めれば、事例のように互いに干渉しあうこともなく、むしろ、一定のペースを保つ意味で、一緒に行っているという安心感のもとに、あるいは、違いが気にならない程度であれば際立たせる上で、停滞やイメージ抵抗を少なくする効果があるのかもしれないと想定できた。筆者が実践したフォーカシングのグループ法や壺イメージや創作体験の経験からは、相互理解や共感において、すなわち、経験を分かち合う点で、むしろ相乗効果が認められると思う。

・イメージ内容について：

　M子にとってイルカは彼女を別の星に連れていく彼女のパートナーとも思われる存在であり、願いがかなうと消えてしまうが、それとは対照的にY子のユニコーンのたて髪への愛着は、それから離れるのに未練があり、それはある種のコンプレックスのような何かを頼りに生きている彼女の生き方の一面を表しているのかもしれない。

47

二つのストーリーは別々にかつ同時進行している感があった。すなわち、一つの自立のテーマをめぐって、共通性と相違性があった。そこには、人生の中で自分を支えてくれる対象との関係様式の違いが見受けられ、それぞれ異なったストーリーとしてM子の場合は、青年期の心理的離乳期を表すD．P．オースペルの「脱衛星化あるいは脱腰巾着化」(desatellization)の発達課題が潜在していると考えられる。一方、Y子の場合、「心理的に独立しようという、まさにその時期に逆に、依存し甘えたい欲求も強まる」、「再依存」（resatellization）を通して独立が獲得されるといった、異なる形の自立の体験のプロセスが進行していたことが見出された。このような二人に共通する自立のテーマは、エンカウンターグループの機能である個人の成長力を促進するものとも考えられ、それがペガサス・メディテーションの中にも反映したものと考えられる。ここに、エンカウンターグループと創作体験の間の相互作用が見出され、個人個人の体験過程レベルの成長が後づけられる。M子が2か月後に寄せたストーリーは、イメージ・セッションの時よりも神話的で深い内容になっており、彼女の中で熟成する心理的成長を示唆している。ペガサス・メディテーションのイメージ画がそれをよく示している。（資料4）

〔資料4：ペガサス・メディテーションのイメージ画〕

第２章 『創作体験面接法』の開発と方法について

〈その後の考察〉

　M子とY子が同時にペガサス・メディテーションを希望した背景に、当時教育センターの内地留学にともに参加し、相談室主催のカウンセリング実習講座において、エンカウンターグループを経験して親密にかかわっていた２人の関係性を考慮する必要があることに気づかされる。そのような中で、M子は、自立志向、Y子は、依存傾向があったことが、M子のイルカの物語とY子のペガサスとユニコーン物語に表されていたと考えられるのである。そのことを象徴するかのように、M子は、内地留学の終了時に、次のような創作物語を残したのでここに、紹介したい。〔M子の創作作品：カナリア〕それは、彼女の中で経験を内面化するプロセスがあったと考えられる。このように、時間を置いて創作体験を実施することには、心理的成長の一つの重要な表徴であり、経験の統合や新たな気づきや変容（シフト）が創作者の中にもたらされたとみなされるのである。D男の自主的な手記やE子の４つの創作作品の提出やI氏の作品と感想の提示は、同様に、それぞれのストーリーラインが引かれてゆく様子を物語っていることに注目したい。これまで見てきた事例から、そのこと自体が回復・成長中心過程の著しい特徴と考えられるからである。

結び

　「創作体験法」のセッションは、自発的な動機をもって参加した人たちによって創作というそれぞれの体験のプロセスを経験し、それらを分かち合うことで、さらにその経験を深めて行っている。すなわち、それは、エンカウンターグループ中の課題セッションとして、ちょうど心理的安全弁としての二重構造の中の実地と見ることができるであろう。

（１）M子の「つくる」創作体験

　その後、M子は、自主的に行った創作作品を寄せたので、その作品と、創作が心理的回復過程を促す、体験と創作の関係について述べた彼女のエッセ

第1部　創作体験法の展開

イを併記して、創作体験の意義について考察したい。

【事例1】M子の創作作品：カナリアの歌

　昔、ある国の王国の」宮殿に一羽のカナリアが飼われていました。黄金の羽根もビロウドのようにつやつやと、さえずる声も、天使の吹くフルートのように、甘く華やかでした。
　王様は、このカナリアが大層のお気に入りで、金と銀に宝石をちりばめた、それは美しいかごを作らせて、その中にこのカナリアを大切に、大切に、飼っていたのでした。
　このカナリアのすばらしいところは、王様の望むように、王様の気持ちにぴったりの歌を歌えることでした。王様が悲しい時には、悲しい歌、王様がうれしい時には、うれしい歌、というように、それはもう、おきさき様よりも誰よりも王様の心に合わせることができたのでした。
　ある、暖かい春の日、カナリアは、金と銀に宝石をちりばめたかごを、きれいに掃除してもらって、とてもいい気持で、金色の絹のような春の日を浴びて、くつろいでいました。すると、そこへ、一羽の醜い、荒々しいカラスがやって来て、しゃがれた声で、カナリアに言いました。
「おや、おや、きれいな家におさまっていて、いいご機嫌だね。人間の残飯や動物の死骸をあさって生きている俺様とは大違いだ。でも、お前さんに聞きたいことがあるんだがね。お前さんには、何て言うのか、自前の歌って言うか、自分の歌って言うのが、あるのかい、ってことだ。俺は、こんなしゃがれた声だけど、俺のうれしい時には、カァーカァーとうれしそうに鳴き、悲しい時には、クークーと泣き、けんかをする時には、ギャーギャーとわめくんだ。おいらは、時々ここに来て、お前さんが歌うのを聞くが、なるほどお前さんの歌はすばらしい。聞いていると、心もとろけるような、上等のワインみたいにうっとりするような歌だ。だが、結局は、王様が歌ってほしい歌を、歌っているだけじゃないのかい。お前さんには、自分の歌いたい歌を歌うことがあるのかい？」
　それを聞いて、カナリアは考えてみました。

第 2 章 『創作体験面接法』の開発と方法について

「僕には、僕の歌ってあるのかしら？」
　カナリアは、いっしょうけんめい、自分の歌を歌ってみようとしました。けれども、口をついて出てくるのは、今まで、彼が王様のリクエストに応えて歌ったことのある歌ばかりなのでした。
「残念ながら、お前さんには、自分の歌が思いつかないようだね。そういう点で言えば、おいらのほうが上等ってわけだ。ケッケッケッケッ」
　下品に笑うと、カラスは窓辺から飛び去りました。
「僕には、僕の歌がない。」
　そう思うと、カナリアは、目の前が真っ暗になってしまいました。自分はとてもすばらしい歌い手だと思っていたのに、ものまねしかできないオウムとかわりがない、つまらない鳥のように思われました。
　しょんぼりして、カナリアが止まり木にとまっていると、そこへ王様があらわれました。王様はとても上機嫌で、その横には、花のような愛らしい王女様と、りりしく気品のある若者が立っていました。
「わしのかわいいカナリアや。今日はとてもうれしいニュースがあるんじゃ。いとしい王女と、となりの国のこの立派な王子との結婚が決まったんじゃ。さあ、お前のすばらしい歌を、私達に聞かせておくれ。」
　そして、王様は、そのりりしい王子様に、いかにこのカナリアがすばらしいということをとくとくと説明しました。
「さあ。」
　カナリアは精一杯喜びの歌を歌おうと口を開きました。
　でも声が出ないのです。どれだけ大きく口を開けても、どれだけ。大きく息を吐きだしても、喜びの歌は出てきません。
「さあ、早く。」
　王様は、段々いらいらしてきました。けれども、どんなにせかしても、どんなに声を荒げても、カナリアが歌を歌わないので、ついに、
「このめでたい時に、よくも私に恥をかかせてくれたな！」
と、かんしゃくを起こし、
「お前なんか、もうどこへでも行ってしまえ！！」
と、金と銀に宝石をちりばめたかごと、窓から外へ放り出してしまいました。

カラン、カランと悲しい音をたてて、鳥かごは下へと落ちて行きました。
　途中で、鳥かごの止め金がガクッとはずれて、カナリアは空へと放り出されてしまいました。
　カナリアは、クラッと沈みそうになる身体を立て直し、ふらふらと、それでも飛び始めました。かといってどこかへ行くあてもなく、空を飛び慣れていないカナリアは、風の吹くまま、あちらこちらへと吹き流されていくだけでした。
　そして、とうとう、日も暮れて、どことも知らぬ場所に、コトンと落ちて、そのまま気を失ってしまいました。
　次の日、カナリアは、ポツンと落ちた水の滴で目が覚めました。見上げると、そこに、真っ赤なばらの花が一輪咲いていました。その燃えるような真紅のばらの花から朝の露が一滴、また一滴と、花の涙のようにこぼれ落ちて、カナリアの身体の上に落ちていたのです。
「なんて、きれいな花なんだろう。」
　カナリアは思いました。自分が今まで見たどこの何よりも美しく、その花は輝いているように見えました。
　カナリアは、その花に話しかけたいと思いました。話かけて、
「なんてあなたはきれいなんでしょう。」
と、言いたいと思いました。でも、口を開いても、どんなに大きく息を吐いても、声はでません。
　カナリアは今まで王様のために歌ってあげた歌を歌ってみようかしらと思いました。王様の立派さをほめたたえ、王様を大喜びさせたあの歌を…。あの歌なら、もしかすると歌えるかもしれない…。歌おうとしました。でも、声が出ません。心のどこかで
「何か違う、何か違う。」
というささやきが聞こえるのです。あの歌は、王様を喜ばせようと思って歌った歌。このばらの美しさには似合わない…。
　じゃあ、このばらを喜ばせるような歌ならどうかしら…。歌えるかもしれない。歌おうとしました。でも、声が出ません。心のどこかで、
「本当じゃない、本当じゃない。」

というささやきが聞こえました。この燃えるように気高いばらの花に、ご機嫌とりの歌を歌ってどうなるのでしょう。自分がみじめになるだけ…。

　カナリアはもう一度ばらを見つめました。ばらは、静かに、真っ赤に、燃えるように朝露にぬれて咲いています。カナリアの心の中で、何かが少しずつ動き始めました。それは泉のようにわき上がる「歌いたい」という想いでした。カナリアは、もう一度ばらを見つめて、深呼吸をして、そして目を閉じました。ばらの甘い香りが体に満ちて来ました。心の中にばらの美しい、燃えるような姿が、くっきりと浮かびました。そして、ふうっと、息を吐きだしたとたんに、それは、美しい調べとなって、流れ出したのです。それは、カナリアが、生まれて初めて、自分の心のままに、自分の思いをこめて、歌った歌でした。
「ありがとう。」
　突然、ばらの花が一粒の涙をこぼして、言いました。
「どうして？」
カナリアが聞きました。
「あなたが、歌ってくれた時、あなたがとても近くにいてくれたみたいに感じて、うれしかった…。私、ずっと一人でここにいて、本当は、とてもさみしかった…。でも、あなたに会えてよかった。本当に…。」
ばらは言いました。
　そして、その日一日、カナリアとばらはいっしょにすごしました。カナリアは、生まれて初めて、自分が生きて、だれかといっしょにいて、そして歌えることをうれしく思いました。ばらも、はじめて、自分のそばに誰かがいてくれる暖かさを知りました。カナリアも、ばらも、本当に幸せでした。日が暮れると、カナリアとばらは、いっしょに眠りました。そして、明け方近くに、カナリアは、ばらが一粒の涙を流したのに気がつきました。
「どうしたの？」
　カナリアは聞きました。
「きのう、はじめてあなたにあった時、私はさみしくて泣いていました。そして、それから、あなたが近くに来てくれてとても幸せだった。でも、私は、もうすぐ散ってしまう。せっかくあなたに会えたのに、もうお別れしなくて

第1部　創作体験法の展開

はいけないなんて…。悲しくて…。」
　ばらはまた一粒涙をこぼしました。
　カナリアは驚きました。
「そんなことあるもんか。君は、今日も、明日も、ずっと、ずっと、生きて、咲き続けるんだ。そして、ずっと、ずっと、僕といっしょに暮らすんだ。君に会ってはじめて、僕は、」
　自分の心の歌が歌えるようになったんだ。君がいないなら、僕はもう生きてはいられない。」
　ばらは、さみしく笑いました。その時、一瞬、強い風がビュンと吹きました。ばらの花は、ちょっと、身体を固くして、散るまいとあらがうようなしぐさを見せました。けれど、風に負けて、あっという間もなく、はらはらと散ってしまいました。
　カナリアは思わず泣いてしまいました。その時、散り散りに飛んでゆく、ばらの花びらから切れ切れのか細いささやきが聞こえたのです。
「泣かないで…。私は…あなたに…会えて・・・幸せ・・・でした。泣かないで…。あなたの…あの歌を…歌って…あなたが…歌ってくれたら…その中に…私は…生きて…います…。いっしょに…。ずっと…。あ・り・が・と・う…。」
　風の中に、その声もいつかかき消されてしまいました。
　カナリアは泣きました。泣いて、泣いて、もう声も出ない位泣いた時、もう一度あのばらの最後の歌が聞こえたのです。
「あの…歌の…中に…生きています…泣かないで…歌って…」
　もう、かすれて声も出ませんでしたが、カナリアは、もう一度歌ってみました。目を閉じて、心の中に、あの燃えるような命を輝かせて、幸せそうに微笑みながら…。
　こうしてカナリアは、さみしくなると、あのばらの歌を歌うようになりました。そして、そうすると、ばらがにっこりと微笑みながら、彼を見つめ、甘い香りで彼を包んでくれているのが、本当に生き生きと感じられました。そして、不思議なことに、そのばらの姿や、香りは、カナリアの歌を聞く、すべての人の心に、生き生きと浮かび上がって感じられたのです。そして、その美しい調べは、いつの間にか、それを聞いた人々の中にきざみこまれて

第2章 『創作体験面接法』の開発と方法について

いったのです。

そして、ある日カナリアが、ばらへの想いを胸に抱いて、その小さな生命を終えた後にも、カナリアの歌と、ばらの姿は、人々の心の中に、ひっそりと生き続けていったのでした。

〈考察〉

王様の寵愛を得ていたカナリアが期待に沿えずに金銀で飾られた鳥かごから放り出されてしまう悲しい物語は、ばらとの友情から救われるという古典的な幸福譚である。しかし、それは、自らつくった「すじ」が、西条八十の詩とともに、枠付として機能し、どのような終末が来るか読む者にハラハラさせるようなドラマティックな展開で、自己のあるいは人間の心理的成長過程を象徴的な手法によって開示するものである。ここには、メフィストテレスのような嫉妬心の強い誘惑的な黒いカラスが、ギャーギャー鳴きながら、カナリアの美しい声とは比べものにはならない醜い声でおのれの自由の身をひけらかし挑発する試練がある。このことがもとで、カナリアは、自信と声を失ってしまうが、これは、これまで自覚できないでいた彼女をしばっていた深刻な拘束に気づかされる象徴的な場面である。問題の深刻なことに気づかされたカナリアが、窮屈な思い込みの自分を知り、本来のありのままの自分に気づくきっかけとなる出来事であった。それは、これまで無意識裏に耐えてきた「しのぐ」局面から、声を失って役立たずになって鳥かごから放り出されたおかげで解放され自由を得てふっきれる回復・中心過程であった。この体験過程は、仮説に提示した創作体験における体験過程推進の模式図（資料3－Ⅰ）に該当するであろう。

(体験過程)　　段階3　　　　　段階4　　　　　段階5　　　　　段階6
　　　　　　　｜――――――――くぐりぬける――――――――→｜
　　　　　　　｜――しのぐ―→｜―ふっきれる→｜―のりこえる→｜

（図5）禅マンダラ画創作体験における「くぐりぬける」の概念構成図

次に来るのが、自己の「再構成化」のプロセスである。放浪して絶望の窮地にあったときに声をかけられたばらの花の甘美な美しさがカナリアの才能を触発して声を取り戻す、すなわち、自信と自分を取り戻す「手がかり」となった。それは、愛にまで発展してゆく友情物語であるが、花の短い一生により、別離を体験せざるを得ない運命にも遭遇する。しかし、一時的にせよ、この関係性を通して人間性や生命の尊さが鮮明になり、カナリアに美しく歌う「手ごたえ」を蘇らせてくれるのである。この他者との関係性による自己再構成化と自立への体験のプロセスは、創作者の人生の節目とも云える、別離と自立へのさらなる一歩を与える（ゆずる）ことになるのである。このことによって、これまで引きずってきたわだかまりやしこりやこだわりなど過去の様々な因縁を解明し（わける）、新たな自己に「手渡す」（つなぐ）ことになり、今ここに生きる成長・中心過程が生み出されるので、この一連の体験過程は、内からつながり、行為となって外へと延びるストーリーラインを構成すると考えられる。この構成図は、中心過程（わける・ゆずる・つなぐ）と「推進」の合成図（資料4－図8）である。

図8．中心過程（わける・ゆずる・つなぐ）と「推進」の合成図（資料4）

　この体験の中心過程を、創作者は「詩」と「音楽」と童話に寄せて表現したわけである。その意味で、この作品は、「つくる」創作体験の意義を明らかにするとともに、彼女が回復過程から今ここに生きる成長・中心過程へと心理的成長を進めたことを裏付けるものである。最後に、この創作体験の背景には、教育相談のためのパーソンセンタードの体験グループ研修があったことをつけ加えておきたい。
　図（資料3－Ⅱ）はふっきれる回復過程「わける・ゆずる・つなぐ」の構成概念図である。これにより、ペガサス・メディテーションの創作体験は、禅マンダラ（○△□）画創作体験法で見出された回復過程のふっきれる図とその構成概念のゆずる図とも重なり、さらには、ストーリーラインの図ともつながることが中心過程からわかるのである。

第2章　『創作体験面接法』の開発と方法について

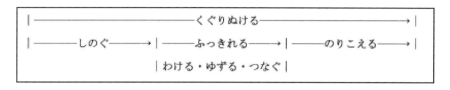

（資料3－6図）禅マンダラ画創作体験における回復過程の概念構成図

（2）Iさんのペガサス・メディテーション

【事例2】パーソンセンタードの研修会での1対1の面接場面でペガサス・メディテーションを実施し、創作体験を試みた事例―I氏のふっきれる回復・中心過程について

実施日：X－18年7月某日
実施場所：パーソンセンタードの教育研究会（某市にて）
参加者：I氏

（1）I氏のプロフィール

A市のパーソンセンタードの会で創作体験を毎年経験し、本会でも毎年参加されている。しかし、この一対一の面接形式での実施は、I氏にとって初めての経験であり、これまでに多かった父親との関係のテーマから、自己との関係性をテーマとする体験となった。

（2）教示とI氏のイメージ体験：

夜空のコンステレーション。ペガサスの星のひとつ、そこに私の幼年時代がある。その私は弱々しく、裸である。しかし、あきらかに私には強い生命力があり、ほほえんでおり、力がみなぎっており、それとして完結した存在である。私の左側には美しい海がある。

57

第1部　創作体験法の展開

　右の方の星に、仏具である如意がある。これは、現在の私（の願い）。ものごとを意のままにあやつれたらいいという思いがある。それは、思いのままにはいかない、いっていないというあせりでもある。
　その上の星、そこに生きる目的がある。そこに何がある、何が見える？
　目的！そうか、目的などという概念、ことばがあったのだ。希望、のぞみ、…「望み」だ。そういう概念があったのだ。

（3）創作体験（イメージ体験と創作および作品のすじ）

　その子（私）は、如意をもつ。如意をくるくると回し、あそぶ。如意は空気とすれ合って音をたて、子どもは喜ぶ。子どもは如意をその事以外のためのものと思っていない。子どもは「目的」の星を見ていない。
　「目的」の星は、星雲である。しずかに渦をなし、中心を目ざして目には見えぬ速さで回っている。星雲は他を意識していないし、それ自身をも意識していない。それゆえ、星雲に気づかない者には意味をもたない。
　これらの星々を載せて、星座はうごきだす。ガラスの板にのせられているかのように、ガラスの板は、角度を変え、一瞬、星々は直線上に並んだかのように見え、再び角度を変えて、裏返った。（この時、「すべてちゃんと見たか？」という声がした。）コンステレーションとなるや、はげしく音をたてて急速な動きを開始する。やがて速度を増し、それは暗い宇宙へと消える。

（4）創作後のセッション（語り手と聞き手の対話から）：〔口述筆記〕

　午前のイメージワークのセッションで、「目的」という概念の自分との「つながり」を見出した。午後の物語り創作のワークでは、「意味づけ」に時間がかかった。
　創作後の今の気持ちは、「くっきりとした感覚を覚える」コンステレーションのストーリーになったが、物語りにする過程で、自分の枠が抵抗になって逡巡した。これは「意味づけ」への必要な抵抗でありおもしろかった。
　例えば、目的に向かうという場面で受けた目的という言葉は、久しく色あ

せていたが、セッションの中では「そういえばそのような言葉があった」というような新鮮な意味をもって感じられ、希望を抱く、その希望という言葉も新鮮で、「如意」というイメージが思い浮かんだ。これは、フォーカシングの時のように気づいていく「あ、そうだ」体験に近い。

　左手の海は、現在の位置関係を示して広がっている。それから、「やせ細っている裸の自分」は、過去の赤子の自分である。「恥ずかしい」とも、「いたいけない」とも感じられる。これは「大切なもの」として実感されている。「目的は星雲である」が、赤子にとってはまだ意識の外にある。星雲は流転しているが、「他を意識していないし、それ自身をも意識していない。それゆえ、星雲に気づかない者には意味をもたない。」しかしながら、「星座」は星雲を載せて忽然として全容を現わし、「すべてちゃんと見たか？」という言葉を残して反転し、姿をくらました。これは、未来の自己と星座の関係を知らしめるような出来事であった。

(5) 考察

　この物語りには、「現在」から「未来」へと延びる時間のベクトル（時制）と「過去」へと回帰する時間のベクトル（時制）および「過去」から「未来」へと延びる時間のベクトル（時制）が、この順序で物語りに表れている。そして、最後には語り手にシフトをもたらし、すっきりとした満足感が伴った。この一連の体験のプロセスは、語り手としてのＩ氏が創作体験を通して自己の体験過程に触れたエピソードであり、その気づきのプロセスは、心理療法的な時間構造（時制）を裏付ける内容であったと思われる。

　この体験のプロセスは、忽然として現れた星雲が、「ちゃんと見たか？」ということばを残して「星座」となっていくプロセスに何か大きな父性的なものを自分の中に見出した、Ｉ氏が、雲のようなものが姿を現し実感できた体験として、大変、意味を持つ「局面」になった。父との関係がこだわりとしてあったＩ氏にとって、むしろ頼もしいような、赤子のゆく手を見守ってくれているような体験となって、すっきり感を伴う「手ごたえ」となったのは、序章において見た「雨」の詩のいわば伏線（「予言」）とも考えられる。すなわち、

第1部　創作体験法の展開

　この時はまだ本人にも意識されてはいない「雲」が、序章で見た「灯台へ」創作体験において、「雨」に変わる予兆であったと考えるとき、この体験は、通過点としての、すなわち体験過程の「しのぐ」段階から表現・表出に至る、中位の段階へのふっきれる回復・中心過程ではなかったかと思う。序章において考察した、「灯台へ」創作体験に入る前の「他人事のように」という創作の体験様式は、「外的反応」（3段階）のレベルであると仮定したことが、ここに裏付けられていると思う。その仮説をもう一度見直してみる。
　この事例では、「灯台へ」枠づけ創作体験を、なんとなく興味をもってまるで「他人事」のように自分を書いてみたいという創作者の創作動機があった。これは、毎年行われるパーソンセタードの教育研修会や研究会」などでこれまで何度も創作体験を経験してきた創作者が、今度は、自分を自由な立場から見てみたい、そのことがおもしろそうだというスタンスで、気楽に自主的に取り組んだ点に特徴がある。「他人事」のような体験様式は、体験過程尺度から言えば、体験から距離を置いた低次のレベルといえる。（段階2）しかし、おもしろそうだというところは、自己関与の表れであり、興味を以て自己について創作すること自体が、相当程度高いレベルと考えられるので、自己関与から外的反応（段階2〜3）へ、そして、創作による表現・表出の段階（4段階）へと「推進」し、体験的歩みを進めてゆくプロセスがあったものと推定できる。そして、実際、創作過程でIさんは、自分を見直すことによって自己概念を再構成化するプロセスがあったと考えた。
　以上の仮説は、このペガサス・メディテーションにおけるふっきれる回復過程の検証と軌を一にするものであるところから、この創作体験が事例1の「灯台へ」創作体験につながるものであったという根拠を提示しているものと思う。
　そして、また、Iさんにとっての父性と自立のテーマは、未来の創作体験につながって、関係性や自己のテーマに成長してゆくストーリーラインをつくっている。このことは、時間を遡ってみて（「序章」のIさんの事例の方が第2章のものよりも時間的に新しい）腑に落ちる。これも後からではないとわからないという体験過程の特質をよく明らかにしていると思う。さらに、「雨」のテーマは、「灯台へ」創作体験と重なるということを考えるとき、

「雲」がラムジー氏の予言通り、「雨」に変わるものの、やがて時を経て灯台行きが実現するというストーリーラインに照らせば、「晴れ」の日も予言していることにならないだろうか。

結語

　ここから、ペガサス・メディテーションからの創作体験は、面接場面で実施される場合でも、クライアントの体験過程に触れる面接法として心理治療的な意味があることがわかるであろう。また、エンカウンターグループのようなパーソンセンタードの枠付けで実施されれば、グループ法として、心理的な安全性がより一層保たれ、そのことによっても高次の体験過程に触れるという相乗効果がみられるであろう。「ペガサス・メディテーションと創作体験」は、一種のコラボレーション法として、創作体験がイメージ療法やナラティヴなど他の心理療法との組み合わせによって、様々な場面で実施される可能性を示唆している。今後の課題として取り組んで行きたい。

（注1）フォーカシングでは、フォーカサーは、カウンセリングにおけるクライアントに相当する。あくまでもクライエントが主体であるところからそのようなネーミングになった。それに対してカウンセラーに相当するのは、リスナーである。カウンセラーはあくまでも「聴き手」の立場で臨むわけである。

参考文献

村田進（2003）『創作とカウンセリング』ナカニシヤ出版.
西平直喜（1990）『成人（おとな）になること』、シリーズ人間の発達4、東京大学出版会、p. 46.
酒木保、木内淳子、吉沅洸（2005）「色枠による家表現と時制と語り」日本芸術療法学会誌 Vol. 36, No. 1, 2.

第1部　創作体験法の展開

〔人間中心のセミナーでの実践プログラム〕

「○△□」枠づけ創作体験法の方法

　水墨画の仙厓「○△□」から着想した創作体験の方法を、プログラムの中で次のように、わかりやすくていねいな仕方で説明する。
　教示：まず、「こころをころがせる」セッションでは、軽く目を閉じて、○△□画をイメージして瞑想体験をします。次に、創作セッションでは、その体験を、クレヨンを使って描画し、文章につづって物語にします。この一連のプロセスを創作体験と称し、グループで分かち合うセッションをもちます。この体験のプロセスから自己に触れてゆくことが目的です。この方法をパーソンセンタードの仕方で実施します。

　次は、ある年度において実際に配られたプログラムの全体である。○△□画創作体験は、初日のグループ③で実施された。

〈プログラムの一例〉

1．人間中心の教育セミナーのプログラム

◎ 第1日目　ワークショップの分科会　　　　　　　　　　　7月

　1日目は丸1日を使ってのワークショップです。次の5つの分科会を予定しています。

グループ①：「パーソンセンタードへの道」
　畠瀬稔（関西人間関係研究センター）

グループ②：「怒りのコントロール」教材を体験する
　「怒りのコントロール」とは、怒りを認識し、自分でコントロールする方

法を身に付けることで、衝動的で暴力的な行動を減少させ、より良い対人関係を築き上げることを目的にして作成された教材です。視覚認知を大切にしながら、怒りの感情を認識し、怒りの感情への対処スキルを学びます。8つのレッスンから構成されています。この教材をグループで使用するために、実際にリーダー体験をしてもらいます。また、このような教材を活用する時に気をつけなければならないことについて人間中心の教育の視点から議論していきたいと考えています。

大島利伸（南山大学附属小学校）

グループ③：「禅マンダラ画創作体験の実際」

「創作体験」として昨年は長谷川等伯の松林図を枠づけ（ヒント）にした描画と創作（書く）を行い、物語るワークを実施しました。今年は、その内観的（禅的）方法をさらに深めて、オリジナルな「○△□」枠づけ創作体験法をつくりました。先ず、禅画師、仙崖のその幾何学模様の水墨画を回って、達磨さんのように「こころをころがせて禅味（フェルトセンス）に触れてゆきます。次に、自分の体験を○、△、□を構成要素とするマンダラ画に描き、綴ります。最後には、それらの創作作品をグループで語り合い、聴き合うセッションを過ごします。

村田進（星稜高等学校専任カウンセラー）

グループ④：「教育相談の知見と事例に学ぶ」
—子どもの気持ちに寄り添う相談活動—

近年、教育の現場における生徒指導上の問題は、いじめ、不登校、虐待、非行など多様化・複雑化し、多くの教師や保護者などは子どもの理解と指導に苦慮しています。ここでは、これまでの教育相談の知見やさまざまな事例に学びながら、子どもの理解を深め指導を充実させていくために、何が大切か皆さんと共に考えていきたいと思います。

梶谷健二（関西大学大学院）

グループ⑤：「私たちはどこから来てどこへ行こうとしているのか」
　　　　　－イメージトリップ
　「いま、ここに」生きている私たち、はるかな宇宙の始まり、地球と生命の進化、さまざまな出会いと別れ、亡くなった人たち、生まれくる人たち、父と母をふくめて自分とつながる人たち。気功をベースに、呼吸を意識し、からだをほぐし、イメージと音楽を味わいながら、ゆったりと過ごしたいと思います。

　　　　　　　　　　　　　　　　　　水野行範（大阪府立桃谷高校）

> ワークショップはいくつかのグループに分かれて行います。繰り返しての説明を避けたいので、午前・午後を通して同じグループへの参加をお勧めいたします。ただし、このことにご了解いただいたうえ

◎ 第2日目　ワークショップとエンカウンターグループ　　　7月

　2日目は2つの分科会を予定しています。八尾さんのワークショップとエンカウンター・グループの2会場に分かれて行います。エンカウンター・グループは当日の参加者の人数等によってはさらに2グループに分かれて行うかもしれません。ご了承願います。どちらの分科会も、教員ばかりでなく、スクール・カウンセラー、保護者、そして学校を外側から見守る人々等々がそれぞれの思いを語り、支え合う場にしたいと思っています。

グループＡ：「自らの人間力を高める－セルフ・エンパワーメント」
　SP（サブ・パーソナリティー）トランプを使い、自分自身を深く理解します。そして自らの意欲や能力を高めるための考え方と具体的な方法を体得します。合わせて対人影響力を高めるための方法も学習します。
　内容　1．人間力を高めるセルフ・エンパワーメントモデル
　　　　2．主体性を高める
　　　　3．自己理解
　　　　4．対人影響力（関係能力）を高める
　　　　5．人間力を高めるための課題

第2章 『創作体験面接法』の開発と方法について

＊ＳＰトランプは日本人の代表的なパーソナリティーを５２枚のカードにしたものです。現在学校現場のみならず企業、家族など数多くの方々にご活用いただいています。

八尾芳樹（ＹＡＯ教育コンサルタント）

グループＢ：「一日だけのベイシック・エンカウンター・グループ（BEG）」
① BEGは特定のテーマを決めずに、その場にいる参加者が自由に率直に話し合い聴き合う場です。
② 学校や職場、家庭から国際問題まで、さまざまな葛藤や紛争の和解の手段として、個人の受容・共感・純粋性の３条件を育てる場として、発展してきました。
③ 「２０世紀の最大の発明のひとつ」とカールロジャースが呼んだBEGの入門コース的なものとして実施したいと思いますので、どうかご参加ください。

次は、ある年度における、創作体験のプログラムの一例である。

２．グループワーク（創作体験）のプログラム

人間中心の教育セミナーワークショップ：グループ③「創作体験の実際」のプログラム（A年B月、大阪）

はじめに

レクチャー（１０：００～１０：３０）
１．「創作体験」コラボレーション（組み合わせ）法について
　定義：創作体験法とは、小説や神話や物語作品のプロットを枠づけとして、自由に自己の内面を綴る体験的方法である。その方法を他の体験的技法と組み合わせて実施するのが、コラボレーション法である。

第1部　創作体験法の展開

演習（午前１０：３０～１２：００）（午後２：００～５：００）
２．「創作体験」コラボレーション法の実際
　「創作体験」コラボレーション法は主に二部に分かれる。
　　（１）「創作体験法」コラボレーション法の演習
　　（２）創作作品の分かち合い

（１）演習案
1．「葉っぱのフレディ」創作物語：ブラインドウォークと創作体験法の組み合わせ法
2．ペガサス・メディテーション：イメージ法と創作体験法の組み合わせ法
3．「星の王子様」創作体験法：描画と創作体験法の組み合わせ法
4．K式「灯台へ」創作体験法：「灯台へ」シナリオの完成と家族造形法（ドラマタイゼーション）
5．絵本完成法：絵本にぬり絵とセリフをほどこし、作品を完成する方法
6．壺イメージ創作体験法：壺イメージ（田嶌、1987）後、そのイメージ体験を創作作品にする。
7．メタ創作体験法：あなたにとって感動的・印象的な作品のプロットを枠づけとして、新たな「…」枠づけ創作体験法をつくる。
8．オリジナル法：「灯台へ」枠づけ創作体験法を試行、あるいは再度行ってみる。
9．その他

参考文献

田嶌誠一（1987）壺イメージ療法、成瀬悟策・田嶌誠一『壺イメージ療法―その生いたちと事例研究―』、創元社、67-69.

第2章　『創作体験面接法』の開発と方法について

〔新・「灯台へ」創作体験法（K式）による創作作品〕
エンカウンターグループの課題関心別グループにおいて実施した創作体験（表紙絵参照）
1．以下は、J氏がO年12月某市で開かれたエンカウンターグループの興味・関心別課題グループの中の創作体験グループに参加した時に創作した第1回目の創作作品である。
　　プロット（すじ）の中の「　」の部分が彼女自身の書いたものである。
　　K式改訂版『灯台へ』枠付け創作体験法（村田、2011）
　　テーマ　　：灯台へ
　　登場人物　：ラムジー（父）、夫人（母）、ジェームズ（息子）、キャム
　　　　　　　　（姉）、リリー（知人の画家）
　　場面・背景：「第1章　窓」
　　　　　　　　海岸に面した別荘の窓から遠くに島の灯台が見える。

　夫人が窓際で6才の息子と話している。「明日は早いからひばりさんと一緒に起きましょうね。」
　その時夫が現れて、「明日は雨だろうな。」という。
　（事実、翌日は雨になって、灯台行きは流れてしまう。）
　息子は傷つき、母親はなだめる。以下、3人の心の動きが綴られる。

息子「パパの言う通りになっちゃった。雨なんて降らなきゃいいのに。
楽しみにしてたのになぁ。
灯台に行けたら　むこうからこっちが　どんな風に見えるのか
ひかりがくるくるまわるとどうなるか　知りたかったよ」
夫人「本当ねぇ　ジェームズ　一度行ってみたかったのよね〜
お舟に乗って　海に出かけて　島に着いたら
大きな灯台があってねぇ　連れて行ってあげたかった」
夫「ジェームズ　灯台は待っててくれるよ
またいつか　行けるよ
きょうは雨で　残念だったけど。

第1部　創作体験法の展開

それまでに　灯台にどんな形のものがあるのか
どんな仕組みで　動いているのか　調べておこうよ」

　その他、画家でラムジー家に出入りしているリリーが風景を描きながら、「真ん中には紫色の三角形を描きいれましょう。」と言い、筆を入れながらラムジー夫人のことを思い描いている。

リリー「この灯台を入れた風景画に　紫色の三角形を誰にもわからないようにそっとしのばせてみたい。
ジェームズがこのしかけに気がついてくれるかしら
面白がってくれるかしら？　宝探しのように見つけてくれるかもしれない．
あの子が興味を持ってくれると嬉しいわ」

　息子ジェイムズを寝かせたラムジー夫人は、夕食の準備をしている。そこへ夫が入ってきて、会話を交わす。

夫「きょうは行けなかった　ジェームズはがっかりしていたね
あんなに残念そうに肩を落とすとは思わなかったよ
いろんなことに興味を持っていっしょうけんめいなんだね
すごく楽しみにしていることがわかったよ」
夫人「興味のあることには　目がキラキラ輝いて
子どもって不思議ね　あの気持ちを大切にしたいわ
何だかジェームズには大切なことを教えられるわ
私が忘れている　大切なことに気づかせてくれる」

　夕食後、１人きりになってラムジー夫人は光をなげかける灯台をうっとり眺めて１日の感想を述べる。

ラムジー夫人「きょうは行けなかったけど　いつか　かなえてあげられますように．灯台の仕組みや　こちらがむこうからどんな風に見えるなんて

ジェームズは知識欲が旺盛で
素晴らしい．灯台さん、ジェームズの願いをかなえてあげてね．きっとよ」

第2章「時は流れる」

　10年の歳月が流れ、戦争があり、ラムジー夫人は亡くなって、別荘も荒れ放題になる。

〈時の流れの詩〉
住む人のない　息吹の失せた屋敷には
悲しい風がそよぐだけ　空しくただよう霊気だけ
いくさが人を変えていき　いつしか虚しく変えていき
姿を変えた荒れ地には　知らない草木が生えるだけ

第3章「灯台」

　第1章と同じ場面で始まる。しかし、ラムジー夫人の姿はなく、みな回想にふけっている。灯台行きが実現し、海の上では今や16才のジェームズがボートの舵をとり、父親のラムジーと姉のキャムが乗り込んでいる。

ラムジーは思う。「いつか　ジェームズ．おまえと来たかった。
しかし　何かが違う．やっと来れたのに　何かが足りないんだ
お前はどう思う？」
ジェームズ「ぼくは、小さかった頃は　灯台が本当に生きているように思えた
時々光の向きを変え海岸を照らしたり　霧の時には　そこに何かがいるように
照らし出したりしていたよ　今は知っているんだ　そうじゃないことを」
キャム「ジェームズ　ここにママがいたらねぇ
ママがいて家族そろって舟で渡れたら　そして一緒に過ごせたら
私はそれだけでいいわ」

第1部　創作体験法の展開

　丘の上では10年前と同じ位置でリリーが風景を描くが構図がばらばらで中心が描けない。

リリー「いたずら心で　三角をかくし描いてちっちゃなジェームズに見つけてもらいたかった　でも今は　ジェームズはおとなになって　そんなだまし絵などに付き合ってはくれない．そもそも絵を描く意味が見出せない　何をどんな風に心を込めて描いてよいのやらわからない」

　やがて、ボートは島につき、父親はジェームズに「よくやった。」とねぎらいのことばをかけ、いそいそと島に飛び移り、灯台に向かう。ジェームズもその後についていく。キャムは「このことばをまっていたのだわ。」と思い、みなはこころを通わせる。

ジェームズ「遠くで見ていた灯台は　近くで見ると違う。
ママがちっちゃなぼくに見せたかったことは　こんなことだったのかもしれない．ここにママがいたら　今思っていることを話せるのに。ぼくがどう感じるのか聞いてもらいたかった。」
父「ジェームズ　ありがとう。パパハママも連れてきている。
そんな気持ちでここに来ているよ。すぐ側にママがいるようなそんな感じなんだ　ママはおまえたちをずっと大切に思ってきたよ　パパもそれは同じだよ」

　この時、丘のリリーの絵には中心が入る。

リリー「かくすように　中心に三角を入れることはない。
美しい紫色で　絵の中の　かなめとして風景の中の
灯台がうつしだした象徴として入れてみた。
誰にでも見えるように輝きとして描くのよ。それが私にできる夫人への花むけだわ
夫人が家族を大切に思ってきた心を描いてみたいの」〈終わり〉

第 2 章　『創作体験面接法』の開発と方法について

　　J氏は、その後、0＋1年8月に開催されたエンカウンターグループの課題・関心別グループの創作体験グループに参加し、夜、自主的に創作した家族画（本書の表紙絵）とともに創作作品を手紙に残した。
K式改訂版『灯台へ』枠付け創作体験法（村田、2011）
　　テーマ　　　：灯台へ
　　登場人物　　：ラムジー（父）、夫人（母）、ジェームズ（息子）、キャム
　　　　　　　　　（姉）、リリー（知人の画家）
　　場面・背景：「第1章　窓」
　　海岸に面した別荘の窓から遠くに島の灯台が見える。
　　夫人が窓際で6才の息子と話している。「明日は早いからひばりさんと一緒に起きましょうね。」
　　その時夫が現れて、「明日は雨だろうな。」という。
　　（事実、翌日は雨になって、灯台行きは流れてしまう。）
　　息子は傷つき、母親はなだめる。以下、3人の心の動きが綴られる。

息子「灯台に行きたかったなぁ。お父さんが「雨だろうな」なんて言うから雨が降ったんだ。
あんなこと言わなきゃいいのに。」
夫人「あらあら．雨が降ったのはお父さんのせいじゃありませんよ。
でも灯台に行きたかったのね、お母さんもよ。お天気になったらまた行きましょうね。」
夫「そうとも。雨が上がったら行こう。
またいつかみんなで行けるよ。
雨が降っているんだから　しょうがないさ」

　　その他、画家でラムジー家に出入りしているリリーが風景を描きながら、「真ん中には紫色の三角形を描きいれましょう。」と言い、筆を入れながらラムジー夫人のことを思い描いている。
リリー「家族を結びつける役目はお母さんね。
三角形はその印。」

第 1 部　創作体験法の展開

　息子ジェイムズを寝かせたラムジー夫人は、夕食の準備をしている。そこへ夫が入ってきて、会話を交わす。

夫「お前のおかげで　ジェームズが何とか機嫌を直してくれたよ。ありがとう。」
夫人「そんな風に言ってくださると　嬉しいわ
ジェームズが楽しみにしていたから
またぜひ　行きましょうね」

　夕食後、1人きりになってラムジー夫人は光をなげかける灯台を眺めて1日の感想を述べる。

ラムジー夫人「灯台のあかりはきれいなものね　ジェームズがあこがれるのも　よくわかる。ラムジーったらやさしい言葉をかけてくれて私は幸せ者ね」

第2章「時は流れる」

　10年の歳月が流れ、戦争があり、ラムジー夫人は亡くなって、別荘も荒れ放題になる。

〈時の流れの詩〉
めぐり　めぐりて　時は過ぎ
いくさが全ての歯車を狂わせた
灯台の見えた窓辺も　くちはて
訪ねる人さえ　途絶えてしまった
海辺の灯台を眺めたかの人は
永遠の眠りに　往き急ぎ
幾度も思い出されて　偲ばれるたび
海の側のお屋敷は荒れ果てた

第3章「灯台」

　第1章と同じ場面で始まる。しかし、ラムジー夫人の姿はなく、みな回想にふけっている。灯台行きが実現し、海の上では今や16才のジェームズがボートの舵をとり、父親のラムジーと姉のキャムが乗り込んでいる。

ラムジーは思う。「お前が一緒ならどんなにいいだろう　約束の灯台行きがかなったんだよ　ジェームズは大きくなった　キャムは　きれいになった　お前に見せてやりたいよ」
ジェームズ「ぼくはお母さんと灯台へ行きたかった　お母さんの居ない　こんな灯台行きは　無意味だ　お父さんはいつだってわかってくれない　あの時だって　ぼくの気持ちを踏みにじった。」
キャム「お父さんはそういう人よ　昔からわかっていたことじゃない　あきらめて付き合うことね　本当はお母さんが生きているときに行くべきよ　今さら行ったところでうめあわせなんか遅すぎる」

　丘の上では10年前と同じ位置でリリーが風景を描くが構図がばらばらで中心が描けない。

リリー「紫の三角形が、見えてこない．みんな傷ついて　ぎすぎすしている　ラムジーが子どもたちに抱いているまごころが通じるすべはないのかしら」

　やがて、ボートは島につき、父親はジェームズに「よくやった。」とねぎらいのことばをかけ、いそいそと島に飛び移り、灯台に向かう。ジェームズもその後についていく。キャムは「このことばをまっていたのだわ。」と思い、みなはこころを通わせる。

キャム「お父さんを誤解していたわ
　　　ジェームズをほめてくださるなんて
　　　わからずやの父親だと今まで考えていたけれど」

第１部　創作体験法の展開

ジェームズ「ぼくにもできるんだね
お父さん　僕にこんなチャンスをくれて　ありがとう．
お父さんも　ぼくのことをわかってくれたんだ」
父「いやいやお父さんこそ　長いこと　できなかったことなんだ
灯台に行けないままお母さんが往ってしまい　お前たちに寂しい思いをさせた
灯台へ行くことがずっと気になっていたけれど　できなかったんだ」

　この時、丘のリリーの絵には中心が入る。

リリー「むしろ紫の三角形は必要ないのかもしれない　目には見えない「まごころ」が皆をつなぐ紫の三角形の役をしているのでないかしら　やさしいまなざしで灯台を見つめていた貴女を描いておこうかしら」〈終わり〉

〈考察〉
　これらの二つの半年ほど間を置いた作品を比較する。リリーのように時を置いて客観的なスタンス（コフォート式と呼ぶ）から見ると、第１作では中心に描き入れようとしたラムジー夫人像は、ジェームズに見せて喜ばせたいと思って描いた「隠し絵」のようなものであった。しかし、それが、最後には何も隠しだてする必要がないものとして、灯台の光にくっきりと映し出された三角形の形に象徴されて描かれた。それが、第２作では、家族やラムジー夫人像が前作よりも具体的に言及されている。前作の、ジェームズの関心は、灯台がどんな形か仕組かといった外形や機能にとらわれていることや、パパ、ママの愛称にうかがえるようなどこか上品で重々しくやや抑制されているトーンと比較すると、２作目は、中心には何も描かなくても夫人の「まごころ」で十分といった感情的な言い回しが溢れ、夫人の死後の「ギスギスした」関係という言葉に表されているように、ネガティブな感情も直接的な表現で表れている印象である。１作目の抑制は２作目では取っ払われて自由な表現になっているところが特徴的であると思う。半年後のエンカウンター・グループで、再び創作体験を希望したのもＪ氏には何か引き付けるよくよくの思いがあったものと思ったが、家族への思いがその間に凝集してきてこのような

第2章 『創作体験面接法』の開発と方法について

創作やストーリーラインを引く行為につながったのではないかと考えられた。特に、エンカウンターグループの最後に、本書の表紙絵を飾る優しいまなざしの母親を家族が思いやり深く見守る絵は、記念写真のように残しておきたいという創作者の強い意志が働いているように思え、創作後の夜にひそかに描いた彼女の真心が偲ばれた。この母親を中心とする家族図が、文字通り、隠し絵であり、最も伝えたい真心の図であることは、明らかであった。それは、1作から半年後にはじめて具象化したものであり、「地」が「図」になった創作者J氏のゲシュタルト的な心の変容を表すものであり、見るものに直接的な感動を伝える意匠であった。

ここで、「つくる」という言葉の意味を考えたい。J氏が創作体験で描いた描画は、体験過程の「表現アート」と考えられないであろうか。つくる創作体験には、このような創作者自身が意図し、遊び、工夫して相手に伝える意匠があるのである。この自由な遊び心こそ、つくる創作体験の特質である。したがって、だまし絵、あるいは隠し絵はそのような創作工夫である。この点は、文学や芸術における「虚構」という概念を思わせるのである。それは、内的事実を比喩的に伝える技法である。J氏にとって、隠し絵（だまし絵）は、遊び心を利用して真実を伝える道具であった。この点が表現アートに通じる心理療法的な側面である。「つくる」という概念は、枠付によってそのような自由な心理的風土をつくる創意工夫の意味であり、創作体験は、その時、概念化してゆく心の内容を綴ることにより、書かれた文字に落とし込み、客観化してふっきれる一つの手法である。J氏は、このだまし絵的な方法を使って絵の中心を表現しようとした。1作目がその伏線となり、2作目でそれを「行為」で示した。ここに、創作体験の先見性、すなわち、序章においてIさんが創作体験の「予言」と称した内の思いが外の行為と一致していく、内と外の呼応、ないし、つり合い・引き合いの仮説（資料4）を裏付ける一つの事例と見ることができる。その意味で、「つくる」には、個人的な意味合いを込めることができる自由度の高い枠付を創意工夫する意味があり、隠し絵は、そのような、いわば「手作りの創意工夫」であった。

　J氏の作品から考えられるのは、リリーの絵の変化と象徴化は、創作者であるJ氏の心理的変化を代弁していることである。一作目のリリーのジェー

75

第1部　創作体験法の展開

ムズへの隠し絵的なメッセージは、創作者自身が暗に表現したかったものであり、やがて、隠すべきものではなく、堂々と表現すべきものであるという自覚に発展して行った。それが、灯台を背景にしてラムジー夫人を紫色の三角形に象徴して画布の中心に描き入れるという結末につながった。これは、「地」が「図」に変わるJ氏の心理的変化を示している。この変化が、半年を置いて2作目に反映して、中心は描かなくてもよいのではないかと思う作品に仕上がって行った。この結果そのものがリリーすなわち創作者の「気づき」であるが、中心に夫人や家族の「まごころ」を描きたいという筆舌につくしがたい思いがあるとともに、一方でそれをどうしても表現したいという思いが拮抗していたことが考えられる。このもう一つの思いが、文字通り隠し絵（本書「表紙絵」）となったのであるが、これは、本論の文脈から言えば、思いと行為（内と外）が中心過程でつり合い・引き合うエピソードでありエビデンスであった。そして、創作体験がストーリーラインを引くきっかけ、すなわち伏線となったと考えられる。

（資料2）中心過程とストーリーラインの合成図

　彼女が書いた二つの詩も家族の背景を写し出すとともに家族愛を際立たせ、それを表現・実行する中心過程であった。半年を挟んだJ氏の家族をめぐる思いは、ウルフの原作に見た「リリーの思いの対象と体験過程の深まりの図」（資料1）と同様な体験過程の深まりを示している。

（資料1 - 図3）「リリーの思いの対象と体験過程の深まりの図」

　一方、言葉で表現しきれない思いを絵で表現したのは、表現方法の親和性ということが考えられる。その意味で、つくる創作体験の折衷的な組み合わせ法が、イメージや書くことや絵や詩作や音楽その他で思いを表現することが好きな人には向いているように思う。そして、この自由な表現様式が、創作体験のアート・セラピー的な特質であるように思われるのである。
　創作体験のもう一つの特質と考えられるのは、そのナラティブ・セラピー

的な特質である。創作作品の分かち合いセッションで行われる読み合い・聞きあいは、聞き手を想定したナラティブそのものである。また、「つくる」個人的な意味合いを反映して、自由自在に物語りをつくることができる。ストーリーは、枠づけられているとはいえ、書きながらに意識の流れを反映でき、リアルに体験過程を書き綴ることが可能である。そこには、現在だけではなく、生い立ちや経験が、今ここでの感情に反映する。もとより、創作には過去、現在、未来といった時制が入り込むナラティブと同様な特質が備わっているが、そのことにより、未来への行為や道筋のストーリー・ラインの形成に与り、今ここに生きる心理的成長の原点がつくられうるのである。その意味で、「つくる」にはアートの創意工夫だけではなく人生を創造する体験的な意味合いがあり、ナラティブのドミナント・ストーリーがオールタナティブ・ストーリーに変わってゆくような創造的で体験的な「場」がここにはあるのである。

第3章　授業

―こころをころがせる○△□創作体験を中心に―

R年度　大学教育相談学授業
R年某月某日
13:00 〜 14:30

テーマ：学校現場に生かすカウンセリング

はじめに
問題
カウンセリングの方法
カウンセリングの実際（結果と考察）
結語
おわりに

（図1）仙崖：水墨画「○△□」
（出光美術館所蔵）

（この図は、拙論を日本人間性心理学会に口頭発表（2013）するに先立って、出光美術館に使用の許諾を得ている）

第 1 部　創作体験法の展開

はじめに

　今、学校はいじめや不登校などの学校不適応の問題が相変わらず多い中、発達障害や虐待や最近ではPTSDへの取り組みがなされている。このような多様な問題を理解し、適切な対応を行うには、スクール・カウンセラーなどの臨床の専門的な対応も求められているが、現場における臨機応変な、時には組織的な、時にはカウンセラーとともに取り組むことが大切である。その際、学校臨床の問題を対人関係の視点から見たときに対応のヒントが得られる場合が多いと思われる。本日は、実際の相談室での臨床の一端を取り上げて、特に、最近多くなってきているDVとアクティングアウトの事例を取り上げて、クライエントの回復のプロセスについて考えたい。

問題

1．心理的回復とは？
2．「こころをころがせる」（体験的歩み）創作体験法の実際

方法

　内観（禅）的な経験を誘発するために、Ⅰ、Ⅱの順に教示する。

Ⅰ．マンダラ画（○△□）瞑想体験

（1）導入：目を閉じて○△□画を瞑想し、ゆっくりと観照する（ダルマさんになったように「こころをころがせてみてください」と教示）（2）好きな順に並べてみる：その印象の違いを体の感じで吟味する（3）体験してみる：それぞれの図形に近づいたり遠ざかったり、触れてみたり、あるいは、（ちょっとだけ）中に入ってみる。（4）「くぐり抜けてみる」：マンダラの中の図形を立体的に見立て、一つ一つ好きな順に出入りしてみる。（5）最も好きなところでしみじみと体の感じを味わう：実感（フェルトセンス）

に触れる（6）最後に、大拙「△□不異○」（色不異空）あるいは「△□＝○」（色即是空）を思い浮かべて（唱えて）終了する。

Ⅱ．創作（描く・書く・云々）体験

（1）描画：葉書大の用紙に、○、△、□を構成・デザインしてクレヨンなどを使って自らのマンダラ画を描く（2）創作：そのストーリーを、短冊（手紙形式の用紙）に綴っていく（3）物語：マンダラ画とともに創作作品を物語る（4）フィードバック：グループの場合、創作者や参加者の感想や印象を語り合う体験のプロセス。

Ⅲ．体験過程から見た心理的回復尺度

創作者の心の変化をみる尺度として、創作体験用の体験過程尺度をつくり暫定的に用いる。これは、先行研究におけるクライエントの回復過程を参考に、体験過程スケール（ＥＸＰスケール、池見、1995）と対照する形で（表1）のように体験様式から7段階の項目ごとに定義した。

（表1）体験過程から見た回復過程尺度

（段階1）回避：問題に対する自己関与の否定
（段階2）観察：自己関与はあるが他人事のよう
（段階3）葛藤：状況にとらわれた（外的）反応、不安を伴う
（段階4）表現：否定・肯定交々の本音や感情の表明、共鳴
（段階5）受容：自己吟味、探索的、問題・仮説提起、ゆずり、安堵感を伴う
（段階6）変容：気づきとシフト、意外性、（変化を）受けとめる
（段階7）回復：気づきの拡大、一致、悟り

第1部　創作体験法の展開

結果と考察

1. 事例〔1〕高2男子G男の事例と創作体験について―不安傾向をもつ高2男子生徒に実施した禅マンダラ画創作体験の実際

（1）面接の経過

〔資料1〕

（2）創作体験の実際
　簡単なリラクゼーションの後、教示（1）を実施すると、G男は次のようにマンダラ画を描く。（描画1、図2）
　〈描画〉先ず、ヨコ長の葉書の中央下方に橙色でヨコに長い四角形を描く。次に、その上に、青色で丸い円を描く。さらに、その円の下に、2つの赤色の小さな三角形を描き、直角がそれぞれ外向きになり円が固定するように配置する。いったんポーズを置いて、この図形をグルリと取り囲むように、大きな赤いヨコ長の楕円を描き、さらに、その真下にその大きな楕円を支える細長い緑色の長方形を描いて完成。

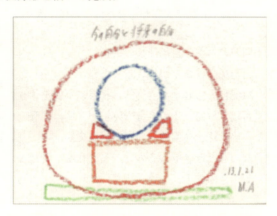

【描画1】（図2）高2男子G男の一回目描画

第3章　授業——こころをころがせる○△□創作体験を中心に——

〈感想〉
　その後、本人は、描画について自分の感想を語る。「単純に」最初に描いたものが、青い円で支えられている今の自分を表したという。しかし、ころがりそうで不安定なので、下に二つの赤い三角形の楔形で固定したという。次に描いた大きな赤い円は、成長してそれらすべてを包む将来の自分である。しかしながら、社会の中では支え合いも必要なので、下に緑色の薄い長方形を敷いたと解説した。

【創作①】〔今の自分と将来の自分〕

（3）一回目創作体験のプロセスと考察
〈描画について〉
　①（前半）この作品では、青い円を現在の自分に見立て、それを橙色で表現された「温かい」安定した長方形の上に置く。その円がころがりそうな不安定さを覚えるので、次に、二つの赤い三角形を二方から配してその円を固定する。
　②（後半）一旦ポーズを置いて、その図をすっぽりと囲むように大きな赤い円を描き、その下に細長い緑色の長方形の台座を置く。
　①について：ここには、不安定な自己を何とか安定させようとする、直面的な体験様式がうかがえる。本人によれば、二つの赤い三角形は、現在の比較的安定しつつある自分を表しているという。ここから、体験過程尺度により、「今の自分」が何とか事態を'しのぐ'（段階3〜4）体験様式が見出された。
　②について：これは、さらに大きな円で包むことで、マンダラ画の全体像を構成しようとしているので、より高次の統合的な体験様式と思われる。それは、「将来の自分」が今の事態を'のりこえる'（段階5〜6）体験様式と考えられる。
　これらの概念'しのぐ'、'のりこえる'は、段階間にまたがる変化の相を示し、'くぐりぬける'というプロセス概念の下位概念として考えられた。

第1部　創作体験法の展開

〈創作について〉
　その後の創作は、ほぼ描画についての感想であったが、ためらわず書いていく自由な仕方で、書きながらに体験を深めてゆく様子であった。それは、今の自分が皆に支えられていることと、将来の自分が恩返しで逆に皆を支える立場になっているという思いである。さらに、「この文章を書いた後に」、「これからもっといろんなことを経験するにあたって、自分を支えてくれる人はもっと多くなると思った。だから、緑色の四角は、もっと分厚くて長いものの方が適切だと思う」と書いた。これは、創作体験が気づきを伴う探索的な経験であったことを物語っている。これは、クライエントの中で創作後にも回復への体験的歩みがあることを示唆する言葉であった。

（4）G男の面接と二回目創作体験の実際

〔資料2〕

　二回目の瞑想体験は、リアリティがあり、印象深いものであったので、ここに記述したい。
　〈瞑想体験〉
　「好きな順にくぐりぬける」ときには、○□△の順に並べ、中に入ると「こだまが返ってくるような感じ」であるという。また、その境目を通過するときには、「からだに障る」感覚があるという。○の中で小鳥の声が聞こえると草原や樹木が広がっていった。□の中では草原や樹木が少なくなっていき、△の中では、鉱物やマグマになった。そこから細い穴を通ってくぐりぬけると、外では、足元がフラつく感じ。「しみじみ味わう」セッションでは、もう一度○の中から入る。景色は変っていて、「デジタル」の世界。光が明滅する中で、どこか「居心地の良い場所を探す」。すると、丸いコントロール・タワーの中、そこでしみじみとその感じを味わった。○から外に出ると、明るかった。
　〈二回目描画〉
　先ず、○□△を連ねて描き、下にはそれらを支える安定した台座を黒く描

第3章　授業——こころをころがせる○△□創作体験を中心に——

く。○は大きく黄色に、中には緑の草原を思わせる色、真ん中には橙色、上には空を思わせる青色。□は小さく橙色の天井が左に傾く形で茶色に、△は直角三角形で左向きに、中には、黒と赤の小さな粒粒の○を底の方にたくさん描く。上空には青い空。最後に、○□△の中を貫くように、右から左へ一本の矢印を黒く描く。下の細長い長方形の四角の台座には縦に線が描かれ、見方によれば、線路にも見えるので、全体で新幹線が走っているようにも見える。（図3）

【描画2】（図3）高2男子G男の二回目描画

【創作②】〔自分の人生〕
　G男が書いた「異変」や「めちゃくちゃ」についてきくと、小さい頃から父親に抑えられていたのでそうなっていたことに、今やっと気づき、自分を取り戻しつつあるように思うと答え、まだ、その「途中」と付け加えた。不安は軽くなったが、「途中」という表現に、まだ不安を残していることを示していると思われた。

（5）三回目創作体験と終結について

〔資料3〕

　創作体験では、次のような作品を残した。

第1部　創作体験法の展開

【描画3】（図4）高2男子G男の三回目描画

【創作③】〔3種の自分〕
　二回目作品とは対照的に三回目は、全体的にシンプルで、○、△、□の立体の空間的な配置図を描き、自己を「3種」にわけた図である。その中心には、見た目には気づかないほどの白色で透明な三角錐を描き、その中に緑の若葉を描いて、友だちの中で元気になる新たな自己に触れた様子を表した。しかし、右横の茶色い四角柱は、「どうすればいいのかわからない」迷いの自分を、左横の黒い丸いもやもやした形のものは、現実の「ストレスや悩み」をかかえた自分を表しているという。
　二回目の幼児期からの時間軸をテーマとした画から三回目の今の自分がテーマの空間軸の画への変化は、G男が過去から自由になり、「今ここ」に問題を焦点化した（「暗在」を「明在」にする）変化を示唆するものと考えられた。この創作体験にも見られるように、G男は、友達関係に活路を見出すとともに、学期末にさしかかっていることもあり、「何とか自分でやれそう」と判断、自ら面接の終結を申し出た。このことは、問題に自分で取り組もうとする「主体発揮」をうかがわせた。
　以上の三つの描画と創作から、○△□が色合いや形態などに感情や経験の個人的な意味合いを伝えていることが明らかになった。それはまた、空想を枠づけてクライエントが実感に触れてゆき、ひいては自立や「自己発揮」を促した。創作体験は、日常生活と表裏一体となって、フォーカシング指向心

理療法からは、「暗在」が「明在」になる（矢野,2012）のを促し、行動の変化をもたらしたと云える。

〈その後〉

〔資料4〕

2. 事例〔2〕中1男子H男の事例と創作体験について

（1）H男の事例について——対人不安からアクティングアウト（行動化）を繰り返した中1男子

〔資料5〕

（2）H男の創作体験と作品について

　比較すると、G男は高校生で、面接場面では創作体験ばかりでなく、対話による自己理解を進めたが、H男は、中学生であることから、認知度や言葉による表現力はおろか、会話や対話による自己表現がそれほど豊かではなく、面接場面では終始受動的であった。しかし、その分、創作体験によって感情体験を深めた。
　一回目の禅マンダラ画創作体験の後、本人に達成感があり、創作作品を読むと楽しくて「もう争いはやめよう」という記述があった。実際、担任によれば、それ以降、リストカットは一切なくなったということから、本人の中で何らかの変化があったと云える。①「虹と家の日々」の描画には、色彩豊かに円を連ねて空に弧を描いた虹の下に家が描かれており、それは少年らしい楽しい気分で、心模様を塗り替えるような遊び心すなわち生きるともいうべきフェルトセンスが出現したのではないかと解釈。それとは対照的に、家の青い三角形の屋根には、何か得体の知れない不安があるので（瞑想体験では三角形の中に入るのは躊躇していた）、この最初の創作体験では、微妙な感

第1部　創作体験法の展開

情的な葛藤が描画に反映して、作品のトーンとなっていたのではないだろうか。しかし、その最初の中は（作品①の青い三角形の屋根の中や作品②の四角形の立体の中など）強かった不安感も、やがて、後半（三回目頃）からは「楽しい」気分が優位になり、次第に葛藤が小さくなっていくプロセスが創作体験に見られ、ストーリーからもこの気分的な変化が彼の回復過程を示唆しているとわかった。一方、H男の描画は、幾何学的でシンプルであったが、書くことには全体的にストーリー性が強く、ファンタジーにあふれ、個人的な意味合いがより強く反映していた。③「恐竜にあかちゃんがうまれた」のストーリーでは、奇想天外と思われる恐竜のあかちゃんの話になり、書き手として読み手に謎かけをする茶目っ気（遊び心）が表われ、創作にも楽しみながら専念していた節があった。それぞれの「表題」もユニークで、ストーリーの面白さを引き立てている。

　空想的な彩りを添えるものとして、①のシャボン玉のような円を連ねて虹の絵にしたものや③の恐竜の目玉焼きのような卵の他、②の空から○と□が落ちてきて△が「ポーンと」□に入る場面なども挙げられる。④では、雨が降っていたので四角の家で○と△の形のプヨプヨ浮いているのと夢中で遊んでいる。そして、帰る頃には雨が止んでいたという風に、空や虹や雨といった天気模様が心模様を伝えているところも特徴的である。しかし、最終の五回目には風景構成法的な図柄が表われて、これまでの空想的な図柄とはまた趣が違うかつての楽しい思い出を含む現実感が伴うところが印象的である。これも楽しい気分がテーマであるが、真ん中にタテに流れる大きな川が出現し、こちら側と向こう側を結ぶ黒い四角形の橋の向こう岸には緑の三角形で表現された草むらがあり、絵の中心には、自分を置いているこの構成画は、楽しかった「あの夏のキャンプ」を主題とする思い出に連なるだけではなく橋が象徴するような現実と未来が草の青々と茂る心象風景となって表れる、過去、現在、未来がそこにある彼の心象の全体像を表すものであった。H男によれば、絵の真ん中の青い川の流れは、かつてそこで手掴みした岩魚を焼いて食べた懐かしい思い出が含まれているという。自分は赤いボールをもって遊んでいる。赤いボールは彼の遊び心を表しているのであろう。そして、向こう岸の緑の草むらは生い茂り、何だか怖い気持ちもあるが、橋がかかっ

第3章　授業——こころをころがせる○△□創作体験を中心に——

てこれからの自分に期待感も入り混じった新しい気持もあった。この描画には、四角形の橋、丸いボール、三角形の草むらに表されているように、○△□が、風景構成の枠づけとなって機能していることも見られた。また、ここには、その○△□が空想を枠づけて、クライエントが実感に触れていくのを助けているのが見られ、最後に、H男が涙ぐむ場面もそれを物語るエピソードであった。

結語

　以上の結果から、○△□枠づけは、感情の表出を促すとともに、その受け皿としての機能を併せもつとともに、それにもとづく創作体験は、回復過程の'ふっきれる'プロセスを推進して、G男の「将来の自分」というタイトルにも象徴されていたようなクライエントがフェルトセンスに触れ、新たな自己の生き方へとシフトしていくのを可能にした。その結果G男、H男のケースともに比較的短期間にDVからの不安感情（恐怖心）を「のりこえる」回復の機序が見られた。
　以上、'くぐりぬける'の下位概念として、'しのぐ'、'ふっきれる'、'のりこえる'が見出され、概念構成図（資料3－図5）が完成して、禅マンダラ画創作体験が回復過程のプロセス概念を中心に含んで心理療法的に意味のあることが立証できた。

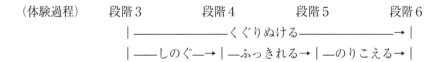

（体験過程）　　段階3　　　　　段階4　　　　　段階5　　　　　段階6
　　　　　　｜――――――――くぐりぬける――――――――→｜
　　　　　　｜――しのぐ―→｜―ふっきれる→｜―のりこえる→｜

（資料3－図5）禅マンダラ画創作体験における「くぐりぬける」の概念構成図

第1部　創作体験法の展開

参考文献

藤原勝紀（1994）三角形イメージ体験法に関する臨床心理学的研究——その創案と展開　九州大学出版会．

池見　陽（1995）心のメッセージを聴く——実感が語る心理学，講談社現代新書．

鈴木大拙（1940）禅と日本文化　北川桃雄訳　岩波新書　13．

村田　進（2003）創作とカウンセリング　ナカニシヤ出版　184．

村田　進（2013）高3Ｄ男のアトピー性皮膚炎からの回復過程——体験過程から見て——人間主義心理学会第35回研究集会発表論文集　個人発表　4-5．

ジェンドリン，E.T.（1996）フォーカシング指向心理療法（下）——心理療法の統合のために

村瀬孝雄・池見　陽・日笠摩子（監訳）日笠摩子・田村隆一・村里忠之（訳）（1998）金剛出版．

Gendlin, E.T. (1986) The Client's Client: The Edge of Awareness, in Lerant, R.E. Lathan & Shlien, J.W. (eds.) 1984, Client-centered therapy and the person-centered approach:New Directions in theory, research, and practice, 76-107.

ロジャーズ，C．&フライバーグ，H．G．(1994)　学習する自由・第3版　畠瀬　稔・村田　進（訳）コスモス・ライブラリー，105．

矢野キエ（2013）クライエントの自己理解が生まれ、生が進展するプロセス　心理臨床学研究，30(5), 609・620．

第3章　授業——こころをころがせる○△□創作体験を中心に——

〔資料1〕
1．事例〔1〕高2男子G男の事例と創作体験について——不安傾向をもつ高2男子生徒に実施した禅マンダラ画創作体験の実際
（1）面接の経過（全11回の面接のうち、3回の創作体験を導入するに至る経緯）来談経路：高2クラス担任が家庭の事情から元気がなくなった生徒G男について相談し、本人との面接を予定した。

　初回面接（X年10月某日）：主訴：DVによって小さい頃受けた心の傷が今もあり、時々、授業中にもいたたまれなくなることがある。

　二回目面接（X＋1年1月某日）：現在、父親から離れてはいるものの、街で出会った時のことなどを想像して不安になり、落ち着いて勉強もできない。

　三回目面接：翌日、相談で大分楽になったので、以後、1週に3回程度の面接を希望する。そのうち、2回は、昼食時、自律訓練法、1回は、放課後、創作体験を実施することにする。

　（第2週）六回目面接、創作体験（第1回）を実施した。

　七回目面接（X＋1年1月第3週目）最近、調子が良くなってきた。家族もまあまあ落ち着いている。前回の創作体験を振り返ると「自分の普段の考えがそのまま表れた」と答え、日常生活と創作体験の表裏一体を暗示する言葉であった。

　十回目面接（X＋1年1月第4週目）禅マンダラ創作体験（第2回）の実施。今回は、前回創作に用いた葉書、簡易便箋の代わりに、B5版の用紙2枚にそれぞれ描画と創作を行った。

〔資料2〕
　（4）G男の面接と二回目創作体験の実際
　七回目面接（X＋1年1月第3週目）最近、調子が良くなってきた。家族もまあまあ落ち着いている。前回の創作体験を振り返ると「自分の普段の考えがそのまま表れた」と答えたが、それは、日常生活との表裏一体を暗示する言葉であった。

　十回目面接（X＋1年1月第4週目）マンダラ創作体験の実施。今回は、前回創作に用いた葉書、簡易便箋の代わりに、B5版の用紙2枚にそれぞれ

描画と創作を行った。

〔資料3〕
（5）三回目創作体験と終結について
　その後、G男は、引き続き週1回の放課後面接と週2回の昼食時の面接を定期的に希望し、次回、十一回目面接（第5週目、終結）に創作体験（第3回）を実施した。

〔資料4〕
　〈その後〉カウンセラーは、G男とは、廊下や学校行事などで出会ったが、その時は、友だちの中心にいて元気な様子を見せた。文化祭ではカウンセラーを驚かそうと茶目っ気を発揮するなど、健康的な学校生活を送っていた。担任によれば、G男は、無事2年次を終了し、3年次に進級できた。このケースは、面接法（グループ法もある）のイニシャルケースであったが、比較的短期間に終結し、予後も順調であった。

〔資料5〕
　2．事例〔2〕中1男子H男の事例と創作体験について
（1）H男の事例について——対人不安からアクティングアウト（行動化）を繰り返した中1男子
　主訴：H男のいう無意識のリストカットとアクティングアウト
　本人の面接に至るまでの問題行動の経緯：
　X年Y月29日：担任がH男に同席し、リストカットについて相談。本人は、昨夜知らない間にリストカットし、朝、気がついたら布団が血だらけになっていたという。
　X年Y月30日：翌日、母親面接。母親は事情をよく知らなかったが、思い当たるのは、本人が部活動を辞めたがっていること、および単身赴任をしている父親が帰ってきた時、そのことに対して腹を立てて長男のH男を足蹴にして玄関に吹っ飛ばすことがあったこと。また、家では、H男は父親と同じように弟を足蹴にして玄関に吹っ飛ばすことがあったことなどから、本人の

第3章　授業——こころをころがせる○△□創作体験を中心に——

問題行動は、部活動や父親の理不尽な態度に対してうっぷんを晴らしたい思いがあるのではないかということであった。一方、本人に全く自覚症状がないということから、カウンセラーは、解離を疑って母親に心療内科を勧めた。その後、カウンセラーは親の了解を得て医師に手配をすると、親子は当日受診し、以後、1週1度通院することになった。しかし、その翌日、本人がいう「無意識の」リストカットがあった。また、時を同じくして、高校棟を含めて全校に火災報知機が鳴り響いたことがあった。本人が塾で自分がやったとほのめかしていたことから、学校は彼のアクティングアウトと認め、そのケースは相談室が与かることとなった。心療内科にもその旨を伝えた。相談室では、本人と学校生活やクラスや部での対人関係について話し合った。その結果、本人は、部活動を辞める意思を固め、そのころからやや落ち着いてきた。創作体験法を、5回実施。

　創作体験（第1回）X年Y月29日、（第2回）X年Y＋1月5日、（第3回）X年Y＋1月12日、（第4回）X年Y＋1月26日、（第5回）X年Y＋2月10日

【作品集】
（1）　G男の作品

〔資料6〕G男の描画集
【描画1】

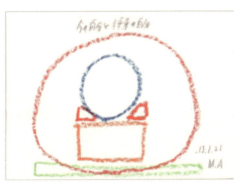

（図2）高2男子G男の一回目描画

第1部　創作体験法の展開

【描画2】

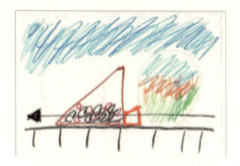

（図3）高2男子G男の二回目描画

【描画3】

（図4）高2男子G男の三回目描画

〔資料7〕G男のストーリー集
【創作①】〔今の自分と将来の自分〕（誤字・脱字はそのまま表記。以下同様）
　オレンジ色の四角は、今の自分を支えてくれている温かい人達を表し、青色の丸はあまり落ちついていなくてふらついている自分を表し、赤色の三角は最近少しずつ精神的に安定してきていて、今までの精神不安定な自分が少しずつ安定してきていることを表し、赤色の丸は将来的に今の自分を超えて、自分がしっかりして、今まで支えてくれた人達を逆に支えてあげられる人になりたいことを表し、緑色の四角は自分がどれだけしっかりしても結局は人に支えられるから、今までより（ママ）支えてくれた人よりは人数は少ない

が、将来も自分のことを支えてくれた人を表す。
　この文章を書いた後に思ったが、これからもっといろんなことを経験するにあたって、自分を支えてくれる人はもっと多くなると思った。だから緑色の四角はもっと分厚くて長いもののほうが適切だと思う。
【創作②】〔自分の人生〕
　小さい頃は何も考えていなくて幸せに感じていたが、小学生の途中から感覚で異変に気付き始め、気付いたら人間性、運動面がめちゃくちゃなことになっていて、今やっとそこから抜け出した図。
【創作③】〔3種の自分〕
　全て勝手に浮かんできたものだが、書いてみると直方体は、どうすればよいか迷っている自分を表し、三角柱は、最近新しくできた友達のコミュニティで楽しくて新しい自分を発見していることを表し、丸はストレスや悩みを表していると思った。

（2）H男の作品

〔資料8〕H男の描画集

【描画4】

（図5）中1男子H男の描画①

【描画5】

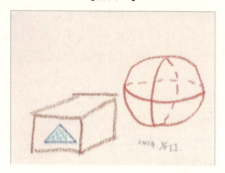

（図6）中1男子H男の描画②

【描画6】

（図7）中1男子H男の描画③

【描画7】

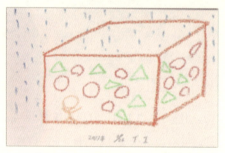

（図8）中1男子H男の描画④

第3章　授業——こころをころがせる○△□創作体験を中心に——

【描画8】

（図9）中1男子H男の描画⑤

〔資料9〕H男のストーリー集

【創作①】〔虹と家の日々〕
　ある日のことでした。ある一軒の家に雨がふって屋ねが青色になってしまいました。するとあたりは、おとぎ話のようになってしまいました。ぼくはうれしくて、友達と家でパーティをしているとそこに虹が出てきました。ぼくたちはこの虹を見ていると、なんだかすごくあたたかくなってきて「これからもうけんかはしないようにしようね」と言ってパーティをおわりました。この出きごとを忘れないでおこうとぼくは思いました。

【創作②】〔空からのおくり物〕
　ある何もないところに空から○と□がおちてきました。「おや」と思って見ていると、あとから△が頭に落ちてきてそのままポーンと□の中に入ってしまいました。ぼくは、何もなかったのでとりあえずそこへ行ってみようと思い、行ってみました。すると以外に大きくてびっくりしました。ぼくは、○を大玉ころがしをしてあそびました。次に□に行ってみるとくらくてこわかったのでやめときました。次の日にそこへいってみると、もう何もなかったのです。

【創作③】〔きょうりゅうに赤ちゃんが出来た〕
　昔々、人間が生まれるよりも前にある頭の大きいきょうりゅうがいました。

第1部　創作体験法の展開

その恐竜は、卵を生んでいっしょうけんめい育てました。たまには、頭がじゃまだったこともあったけどそんなこと卵ができたうれしさで、わすれていました。しっぽは青色なので卵の中の赤ちゃんは何色だろう？と思いながら育てていました。さあ、この赤ちゃんはどうなったのでしょう？それは、あなたのそうぞう次だいです。

【創作④】〔家の中には…〕

　ある日散歩をしていると、とつぜん雨が降ってきました。「やばい」と思って近くにある家に入ると、○と△の球みたいなのがうようようごいていて、何だろうと思ってあそんでみると以外に楽しくて、ずっとあそんでしまいました。ふと気が付くともう雨はやんでいたので家に帰りました。

【創作⑤】〔僕とあの夏のキャンプ〕

　これは僕の作文です。夏に僕はキャンプに行きました。僕は夏のキャンプが大好きなので、ボールを持っていきました。昼になったので、ご飯を食べようと思い川に行きました。川へ行くと、魚がいたのでつかまえて食べました。しばらく遊んで、家に帰ってふと思い出してみるとやっぱり僕はキャンプが好きだと思いました。また、来年もキャンプに行きたいです。

〔断り書き〕事例の発表に際して、本人もしくは親並びに学校の許諾を事前に得ている。

〈授業を受けた学生の感想（抜粋）〉

　K（4年学校教育）：今年は大津の事件から始まり、いじめや不登校等様々な教育問題に視点が当てられた年であると思う。そして、そういった事件が明らかになるにつれ、生徒の心理面をもっと支えていく"カウンセリング"といったことがより大切なのでは…と考えられてきているとも思う。今回の講義で、現役のカウンセラーとして活躍されている先生の話を聞くことは、現場におけるカウンセリングとは…ということ等について考える良い機会となった。カウンセリングを行うときに大切なのは、まず受容すること、そして、流れの中で、長期的スパンで考えながら対応していくということであった。確かに、"心"とはなにか起きてすぐに変われるものではなく、徐々に

第3章　授業──こころをころがせる○△□創作体験を中心に──

変化していくものであると思う。そうであれば、決して急がずに、ゆっくりと、クライエントの様子を見ていくことが大切なのだと思った。
　「○△□」この３つの図形は、見る人によって様々な見方ができると思う。そんな中で先生が、カウンセリングは「○△□」だとおっしゃるのを聞き、なるほどと思った。一見したらただの図形に見えるが、その奥に深い意味が隠されている、これは、他人と一緒なのではないか…と私は考えた。一見すると私たちは表面上の関わりから相手のことを理解した気分になる。しかし、その相手にも心の奥で何か考えていたり悩んでいたりするかもしれない。心を理解する、それは難しいものだと思った。

　お忙しい中、講演に来てくださり、本当にありがとうございました。

K（３年国際）：先生のお話を聞いた後、正直Ｄ男の回復は本当にカウンセリングによる結果なのか疑問に思った。しかし、最後に自分の体内時計やペースに合わせた時間を過ごせる居場所を見つけられれば、という話を聞いたとき、まさにカウンセリングによる不安の軽減はこういうことなのではないかと思った。「自分に合わない」世界（それが学校だったり？）で居心地の悪さを感じるとき＝ありのままの自分と、「いま」の自分の不一致を感じるのだろう。ときにそうした世界が、すべてだと思ってしまうと、不安は増す一方だ。しかし、自分のペースを守れる場所、自分のペースを許してもらえる場所、それがきっとＤ男にとっての「相談室」だったのだろうと思う。そこに訪れること＝心の休息、そうした場でもう一度「自分」を見つける、規定し直すのを助けるのがカウンセラーの役目ではないか。カウンセラーが与える規定のヒントが□（四角）なのかもしれないと思いました。

L（３年学校教育）：○△□と聞いて○が、一番トゲがなく良い状態だと思っていましたが、どっしりと構えて物事を受け入れられる□が、生徒と先生どちらにも必要な形だと感じました。今は先生だけではなく生徒も受験、アルバイト、家庭での問題など様々なことに左右されながら忙しく生活しているので、その中でも安心できる場所を学校全体で作っていくことが必要だなと

感じました。

"ありのままの自分を受け入れる"こととして、生徒をサポートすることはもちろん、先生の側も「問題を一人では解決できない自分」をしっかり受け止め、周囲に協力を求めていくことも大切だと思いました。それは先生どうしのサポートだけではなく、生徒にも一緒に考えてもらい、クラス、あるいは学校全体で問題を共有することも時には必要なのではないかと感じました。

それから、カウンセラーはなるべく毎日対応してほしいと思います。1週間空くだけでその子の気持ちが分からなくなるかもしれないし、衝動的な事態があるかもしれません。でもカウンセラーの事情もあると思うので、なかなか難しいですよね。

当事者意識を持つというのは、とても参考になりました。一時的な不安や覚醒を、"それは自然な現象なんだよ"と言ってもらえたら、心が楽になると思います。○△□のお話も納得しました。△の時は、確かに安定しているけれど、自分の枠から出ることは難しいですよね。だからもっとカウンセラーの方には葛藤を探り当ててほしいし、自分がもやもやしていることを、はっきりとさせる手助けをしてほしいと思いました。その中で、やはり、型にはまった療法ではなくて、気持ちに焦点の当たった話し合いの必要性を感じました。

それから、先生の優しい語り口に、とても安心しました。貴重なお話をありがとうございました。

第4章　禅マンダラ画「○△□」
創作体験法について考える

はじめに

　この幾何学文様は何かとよく考えてみた。それは、筆者が住んでいるところからさほど遠くはない金沢市の閑静な旧市街にある鈴木大拙の生家近くに最近建てられた、鈴木大拙館に出光コレクションの一部が借りだし展示されてあった作品の一つである。著名な禅僧でもある禅画師、仙厓（1750-1837）と鈴木大拙（1870-1966）は互いに違う時代を生きたが、大拙は仙厓のこの作品に大変影響を受け、そのマンダラ的な構成図形を「宇宙（Universe）」と名付けた。そして、自らも書「△□不異○」（色不異空）を残している。（鈴木大拙館開館一周年記念「仙厓と大拙」）

1．問題の所在

　この横長の水墨画を、現代風に、右から左へ目を移して見ると、□△○のように見えるのだが、昔風に書を読むように、左から見れば、○△□の順になり、最後に作者名（扶桑最初禅窟　仙厓）に落胤が押されている形になっている。この順番にも意味がありそうである。そして、この実に単純な構成の中にも自然な順序があり、いわば順路に沿って行けば、見るものは普通に何の構えもなく作品の世界に溶け込むことができるのである。(注1)
この水墨画をじっと見ていると、３Ｄの立体映像のように浮き出て見えてくる。そうすると、それが森羅万象を思いきり抽象化、捨象化した山水画のようにも見えてくるので不思議である。３つのアイテムが微妙に重なっているところも立体感や一体感があり、深遠である。そして、いつの間にか、見るものは一つの境地に引き込まれていく。

第1部　創作体験法の展開

(1) 先ず、○である。

　これは、すべてを包摂する世界のすがたである。見るものをそっくり受容する円形の袋にも見える。（仙厓は布袋が好きで度々画の題材にしている）。あるいは、それは、すべてを受容するものの入口とも見える。そこに入れば、見るものは自然と自分は何か大きなものに抱擁されているような体験をするのである。それは、ちょうどカウンセリングの「受容」と似た体験を味わっているともいえる。さらに、ここには心理療法のフォーカシングのような自己の内面に開かれていく体験のプロセスがある。それは、さしずめフォーカシングの「クリアリング・ア・スペース」（「間を置く」）(注2)のようにオープンな（開かれた）心理的スペースの中に置かれるような境地である。
　このように記述すれば、実に緩慢な観照に見えるが、実際には、見るものにとって、3Dの映像を見るような動的な作業である。先ず、その水墨画の前に立てば、はてな？と考えさせられる。そして、何度となくその幾何学的な形態を目でなぞった後に、沈思黙考するであろう。仙厓は、禅問答の公案を絵によって私たちに指し示している趣である。筆者にはここに一見常識を覆すような、達磨さんが転ぶような体験があり、そこから起き上がるときに、「宇宙」の力や自力に気づき、極めて素な新しい世界観や見方を得る禅的な内観的な心理療法的な体験のプロセスがあるものと思われた。
　なお、○といえば、仙厓の秋の月（満月）に寄せた興味深い画賛があるので以下に載せてみたい。

　　　幻影「秋月画賛」

　　　目を推せハ二ツ出て来る秋の月

　　　目玉を押してみな、
　　　ほら、見える！
　　　秋の月二つ。

第4章　禅マンダラ画「○△□」創作体験法について考える

これには次のような解説がある。

　眼球を軽く指で押すと、物がダブって見える。耿耿たる秋の満月、それは「真如」すなわち、「実在」そのものを表している。だが、月がどれ程玲瓏と輝いていても、妨げるものがあれば、偽りの姿を見せるであろう。
（大拙、仙厓を語る　中期1、鈴木大拙館開館一周年記念「仙厓と大拙」）

　この仙厓の画賛と大拙の解説は、ロジャーズの二つの円が重なっている自己不一致の図を筆者に思い出させた。そうすると丸い一個の円は、二個の円が重なった「自己一致」の姿に見える。妨げるものとは何か？奥深い。大拙は月に寄せて次のようなことも述べている。

　指がなければ月を指すわけには行かぬが、指を月と間違えては大変である。
（「禅学への道」坂本弘訳、岩波文庫「鈴木大拙全集」、第14巻、p.259）

　これは、一つの公案である。読者はどのように解釈されるだろうか。指は小手先の誤った指示である。それは、真如すなわちありのままを見るのを妨げるもの、そして、指示や操作や概念や観照的な体験様式そのものを指摘しているともとれる。そのうえで、大拙はありのままになることの意味を究極的に説いているのではないだろうか。それは、月と一体化すること、すなわち、月にうつる自分を見ること、あるいは己の中に月を見るような自己と対象が鏡のように写しあう体験様式のことをいっているものと筆者は解釈した。

（2）次は△である。

　三角形は、そのとがった形状から、森羅万象やピラミッドなど神秘的なイメージを喚起するのに十分である。しかしながら、心理学的な見方から、藤原（1994）は、それが抽象的な文様であるだけに、そこに主観が投映されや

すく、心理的な現象の媒体となりやすいとしている。その形態的特徴から、角をとがらせたり、鈍くしたり、高くしたり低くしたり、変化しやすいため、見る人の不安や症状などが反映しやすいからであろう。したがって、見る側の見方が変化していくプロセスが現象し、そこに映る自分の不安や症状に対するクライエントの体験様式が反映しやすい。そこに注目した藤原は、「三角形イメージ体験法」として、三角形イメージを取り入れた操作的な手続きにより独自の心理療法を開発し、様々な症例からその心理療法的な効果を実証している。

　ここでは、藤原が見る側の受け止め方（体験様式）の変化に注目した点に注目したい。それは、行動心理学や学習心理学の刺激→反応の見方に基づく考え方から、逆に、主体の反応が三角形の刺激そのものを認知のレベルで変えて行く考え方への方向転換があった。藤原は、刺激の受け取り方の違いを「感受」といった概念で表現した。ここにおいて、体験過程的な見方への視点の拡大があることが注目される。事実、藤原は、臨床的に行動療法の系統的減感作法という不安の軽減法を、行動に変えてイメージでの象徴的な軽減を実現しようとし、それを象徴的減感作法と呼んだのであった。その際、クライエントとともに症状（行動）や不安（感情）の評価のヒエラーキーを作って、不適応行動を評価するとともに、それを行動の変容の尺度としている点もクライエント中心の方法として注目したい。この点で、この方法は、認知のレベルの変容を目指す認知行動療法に近く、さらに、一歩踏み込んで体験過程療法に見られるような主体的な心の変容を目指すクライエント中心の考え方に近づいたと云える。

　藤原は、イメージの変容のプロセスを操作的段階から体験的段階へと認めているので、ここに三角形イメージ体験の段階と変化過程を記しておく。（表1）

（表1）三角形イメージ体験の段階と変化過程

① 初期のイメージ現象：三角形イメージ課題が、いわば治療関係において限定され、焦点づけられた主要な媒介とはなっているが、必ずしも治療

第4章　禅マンダラ画「○△□」創作体験法について考える

的なイメージ体験内容と結びついていない。つまり、視覚イメージとイメージ体験がなお並行的な2要素という段階である。
② 治療的操作の試みと関連付け：自己の内的状態への注意集中を促し単に自己感受や観察をさせる手順によるよりも、それをイメージ体験として進める
③ 自己治療的なイメージ感受：三角形イメージ課題を一定の枠組みとして、クライエントがそれを触媒としつつ自発的に内的過程に接近することを待つ
④ 自己制御の可能性と現実化の準備・設定および終わり方：面接場面での体験をつうじて、クライエントが現実場面での適応へと具体化し実際的に進展させる

　体験過程療法においては、個人が有機体経験、すなわち心身のありのままの状態に気づき一致していくプロセスがあり、その結果、症状や行動の変容にいたるという仮説がある。フォーカシングは、この「感官的」(guts、ガッツ) レベルの気づきを促すのに特化した技法である。そこでは、フォーカサーと呼ばれるクライエントが、「間を置く」(clearing a space、クリアリング・ア・スペース) という空間概念を置くことからはじめて、「体の感じ」(felt-sense、フェルトセンス) に触れてゆき、前概念的な経験を言葉やイメージで表してみて、ていねいに体の感じに「共鳴」させながら、ぴったりとした概念を見出していく。その操作的な概念化の手続きを通して、クライエントが腑に落ちるような有機体レベルの経験の気づきを得ることを促進し、その小さなステップを繰り返しながら心を変容（シフト）させていく。それは経験を体の感じに照合しながら概念化していく「経験」、「フェルトセンス」、「言葉」を3拍子として推進する体験のプロセスがあり、その過程で個人の思考と感情は糸束のようにより合わされて中心に向かって深まって行く。それは、一定のリズムを伴う逆三角錐状のコマのような変化の形態に象徴されるであろう。そして、この内的経験の流れは体験過程、experiencing) と呼ばれている。三角形イメージ体験法や壺イメージ療法（田嶌）や創作体験法（筆者）にも同様な体験過程が見られると思われ、ここに心理療法一般に通じる心理

療法的なプロセスがあると考えられている。(ジェンドリン、1999) なお、三角形イメージ体験法の評価のヒエラーキーは、ピラミッド形の三角形の階層を連想させる。また、マズローのニーズの五段階のピラミッド型階層の図もしかりである。ロジャーズが描いた糸束（ストランズ）に似せた体験過程の模式図は、体験の変化のプロセスを、放物線様に収束するストランズの概念（ロジャーズ、1959）で表すものであった。それは、自己一致に向けて螺旋的に収束するイメージ図であり、螺旋的な形態の三角形の横断面として収束するイメージをもって表されている。フォーカシングを編み出したジェンドリンも、横軸を認知レベル、縦軸を感情レベルにとって、コマの断面図のような逆三角形で体験過程の深まりを図式化している。体験過程は、どうやら、螺旋的に収束する渦巻のようにダイナミックに変容するらしい。上からは円運動に見えるものが、一点に集約すると、横から見た断面は明らかに三角形である。これが、プロセスと推進の組み合わさった体験過程の立体的構造である。ここからも、三角形は変化のイメージを伴う。

（3）さらに、□である。

　三角形は変化のイメージを伴うが、四角形は固定的なイメージである。その中では心理的な安全性が保障されているようなイメージであるので、心理療法では、中井「風景構成法」のような枠づけ法に利用されるなど心理的安全を保障する形態として、抱え込むあるいは囲み込むイメージの形態である。これは、枠づけが安全弁として機能する一方、暴露弁としての機能を持ち合わせる空間を象徴し、心理療法的ないわば仕掛けとみなされている。(田嶌) 相談室の部屋そのもののように、壺イメージの「壺」もしかり、フォーカシングの一連の教示の体系もしかり、そして、創作体験法のプロット（あらすじ）やシナリオもしかりである。それらは、四角い立体的な構築を提供し、イスの四脚のように、どっしりとした図体をもしっかりと受け止めて支えるイメージでもある。その上にあるいはその中に収まっていれば安心感・信頼感があり、開放的な気分にもなれ、本音を語るようになっていくので、これらを一括して「枠づけ」と呼ぶこともある。女性の胎内に喩えられることもある。

第4章　禅マンダラ画「○△□」創作体験法について考える

　箱庭療法の箱庭も、砂を入れた一定の平たい長方形の四角の箱で、クライエントがカウンセラーとともに人や動物や怪獣などの人形を砂場や地面の上や、底の青い色で塗った水をイメージできる囲まれた場に、自由に自己の世界を創出することによって、クライエントが内的な世界を表現し、子どもや大人が言葉で表現しにくい感情や内的経験のストーリーをカウンセラーと分かち合いコミュニケートできる心理臨床的な道具立てである。ここには、カウンセラーとクライエントが安心して心を触れ合わせることができる空間と容易にクライエントを退行に誘う場があり、そこに草木や垣根や車や人形など身近なアイテムが用意された、いわば枠づけられた場と構成された数々のアイテムからなるのである。

　この箱庭を介したカウンセラーとクライエントの対人関係に見られるように、四角形の空間には、テーブルを囲むようなカウンセラーとクライエントの二者関係の構造が想定できる。そこには、「ジョハリの窓」のように自己と他者との関係から互いに鏡のように見えてくる気づきのパースペクティブ（窓）ができやすく、自己や他者についてより開放的な関係性を得ることができる気づきの構造があると仮定できる。

　また、直角形で構成された□そのものが、内部を取り囲み周囲を遮断するような強固な守護的な構造である。それは、立体として光や音や空気など周囲の刺激も遮断した密閉された空間を構成し、シェルターのような安全な場所ともなれば、檻のような閉ざされた空間ともなりうる。そして、建物のように固定的である。一方、○は、立体的にはボールのように転がるものであったり、広がったり狭まったり、膨張したりはずんだりと変幻自在な形態である。それは、開放的で円環的で、宇宙のように無限大に広がるかと思えば、狭まって粒子のような構成体にも変化するので、それは、その中にいれば、自由で大らかな側面と窮屈で息苦しくなる側面をもつ。△や□の立体は、角をもっているがゆえに、ピラミッドのような建造体に見られるように、転がしにくく安定した立体ともいえるであろう。そこで、四角の底面をもち三角形の錐体であるピラミッドは、最も安定した構造体とイメージできるであろう。

第1部　創作体験法の展開

（4）新たな創作体験法の開発―マンダラ画（構成図）と創作体験

ア．マンダラ画の由来と特徴

　こうして見て来ると、○、△、□は、角があるかないかなどで、開放的にも見え、閉鎖的にも見える。また、立体的には、容器や入れ物のようにまっすぐにもなりいびつにもなり、変幻自在で、人の心を映すにはふさわしいイメージ媒体となりうるであろう。また、それぞれ特徴的なイメージの順序や組み合わせや二次元・三次元的な見方：大きさや重さや重なり具合などから、そのイメージを体験する見る側に、時間的・空間的なストーリーを構成するプロセスを提供し得るきっかけや視覚的「刺激」（イメージ）を与えるものと仮定できる。その画（構成図）は、一種のマンダラ模様であるのでこれを禅とマンダラ画が一如となったイメージ体験と仮定し、禅マンダラ画イメージ体験と称する。、その構成作品は、見る側（クライエント）の受け止め方（体験様式）・反応の仕方や変化のプロセスから、そこに創作者の問題の受け止め方の変化のプロセスを認められる場合、それを記述し物語る創作体験の方法によって臨床的な心理療法とし、新たな「創作体験法」(筆者、2003)を創出・開発することを筆者は着想した。そして、この方法が、個人がくぐり抜けるという体験のプロセスを通して、体験過程に触れていき、その内的経験を綴り、物語ることにもとづく特徴から、それを正式名「禅マンダラ画枠づけ創作体験法」（通称、マンダラ創作体験）と名付けたい。

イ．枠づけ法としての創作体験の由来と背景

　そこで、この禅マンダライメージ体験が何故創作体験と結びついたかの由来について述べる必要があるであろう。それは、創作（書くこと）をカウンセリング場面に適用した筆者の先行研究（同）と関係がある。そこでは、書くことが描くことや物語ることと同様に心理療法的に意味があることをヴァージニア・ウルフの生涯と主に『ダロウェイ夫人』(1925)の作品研究から実証的に裏付けた。その上で、同じ作家の『灯台へ』(1927)のプロットを

第4章 禅マンダラ画「○△□」創作体験法について考える

枠づけとするいわばシナリオ創作を考案し、「灯台へ」枠づけ創作体験法として、提起し、カウンセリング場面やＥＧグループの中で実施、そこに創作者の心の変容が見られることを体験過程から検証したのである。これが、創作体験法の由来であるが、枠づけが文学作品であるということから、一般に適用するには、興味・関心の上から限定的であったことと、書くことに親和的でない人もいるという限界があり、その上プロットがやや複雑であることなどから、人によっては、やや敷居が高く、枠づけそのものに限定されてしまう恐れがあるために、枠づけそのものをより間口の広いものにし、自由度の高いものに変えて行く工夫がなされた。その結果、枠づけ法のねらいであるクライエントの心理的安全性は保ちつつかつ自由に取り組みやすい方法が検討され、イメージ療法や描画法との組み合わせから様々な枠組みの創作体験法の可能性が検討され、試行・実施され、その延長線上にこの禅マンダラ画を枠づけとする創作体験法が着想されたわけである。

　枠づけ法については、中井（1984）の風景構成法、田嶌（1987）の壺イメージ療法、藤原（1994）の三角形イメージ体験法、筆者（2003）の創作体験法などがあるが、枠づけによって心理的安全性が保たれる反面、問題が焦点化されて症状が露出しやすい特質をもつ。その点で心理療法としての配慮や専門性を要する。また、自由法と比較して問題（症状や不安）に焦点化する操作性が高くなりがちなので、枠づけの中でなるべくそれにとらわれないで取り組めるような自由度の高い工夫が必要とされる。この点を考慮して、本研究では、日本人の心性に合ってなじみやすいパーソンセンタードの特質をもつ枠づけ法が開発された。

　この枠づけに創作（描く、書く、語る）体験法を組み合わせたものが枠づけ法としての創作体験法（村田，2003）である。枠づけ法と体験法を区別して取り上げたのは、藤原（1994）がイメージとイメージ体験を区別する必要があるといったのと同様の趣意からである。彼は、△イメージをじっと見つめることによって、イメージそのものがそれを受け取る側のその時々の受け取り方によって象徴的に変化していくことに注目したのである。ここでは、その考え方を推し進めるとともに、さらにそのような仕方で見る人間の体験と主体的なあり方（体験様式）に重点を置き、そのイメージの中に入ってみ

るという体験によって、個人が体験過程に触れるまでの観察から体験へと重心を移すプロセスが加えられた。この方法は、田嶌の壺イメージ療法によるところが大きい。それは、イメージ体験に身をゆだねることによって、クライエントが体験過程的な変容を経験するまでの手続きを教示によって示した点である。また、「色枠による家表現と時制と語り」(酒木　保他、2005) は、自分の家族について色枠によって枠づけられた家族像を描くプロセスを 2 段階にわけ、先ずありのままの家族像を、「現在」→「未来」→「過去」と順次に描きながら、次の段階では、このようにあったらいいというような仮定法の時制で、「過去」→「現在」→「未来」の順に描き進んでいく。その中で、何らかの心理療法的な変化を経験するという作業にもとづいて、その経験を物語るという創作体験であった。

　これらを参考にして、本研究も、枠づけ法による作業と創作体験を組み合わせた方法により、個人が自己との関係性やグループや対人関係におけるパーソンセンタード（人間中心）の関係性を発展させてゆき、ひいては主体発揮や心理的成長をはかることが主眼である。

2．方法

　このマンダラ創作体験の特徴は、○、△、□の順序を変えるだけで、例えば、○△□と△□○を並べて比較するだけでも前者と後者の間に印象の違いがあり、左から右に読み慣れている読者には、前者の方がすんなりとイメージを体験できるのではないだろうか。すなわち、この図から、受容的イメージから個性的イメージへ、個性的なイメージから安定的なイメージへの推移があるという仮説の下に、これらの配列やイメージ体験から不安や症状の受け止め方の変化を仮定して、そのプロセスを記述し、自分なりに配列やデザインを工夫し絵画・描画し、そのストーリーを創作して綴り、物語る一連の操作手続きを考案して、新たな創作体験法の開発を試みる。

3．仮説に至るイニシャル・ケースについて (再掲、2015)

事例1：心身症から不登校になった高2 D男

（1）問題

　高2のD男は、心身症のため休みがちだったが、2年の半ばに不登校になった。しかし、比較的家庭環境や学習環境に恵まれているため、不登校の原因を特定することは困難であった。その素因として考えられるのは、小学校のときから悩まされていたアレルギーの症状やそのために、小学校以来、保健室を利用することが多く、遅刻、欠席が多かったためとも考えられた。小さい頃からの過敏な反応が、かえって、症状を長引かせているのではないかと思われた。そして、そのことが学習面や対人関係に影響をもたらし、不登校の要因になったと考えられた。

【アセスメント】

　本人の身体症状のみならず、几帳面な性格など心因性の要因があると思われたので、心理療法的なアプローチによって、心にゆとりを与え、ありのままの自分を見直し、受け入れて、①症状への不安やこだわりや②症状そのものの寛解と③二次的な障害と思われる対人関係が回復し、④不登校が直ることを仮定した。

（2）方法

　カウンセリングの対話的な方法に加え、「壺イメージ法」や「風景構成法」といった心理療法の方法を取り入れて継続的に面接を行う。

【経過】

　D男は、高校1年次、養教の勧めにもかかわらず、副作用を恐れて薬を使わずに治療したいという強い意向をもっていた。そして、遠方の小児科にわざわざ出かけて行ったりしていたが、季節性のものであるということもあり、快方と悪化を繰り返しながら治療を進めていた。そして、2年の1学期末の

夏休み直前に神経質になり、とうとう不登校となった。

　D男は、夏休み中に相談室で集中的にカウンセリングを受けたいと申し出て来た。カウンセラーは、以前に青年期の男性の同様のケースに関わった経験（2）もあって、短期集中的にカウンセリングに専念できるように、夏休みに時間をとって、1週1回実施した。（以下、D男の面接の経過参照）

　その結果、夏休み明けには初日は登校できなかったものの、2日目からは登校し、最初は慎重に警戒しながらではあったが、対人関係も改善し、徐々にゆっくりと不登校からも立ち直る経過があった。そして、夏休み明け1週間目ほどからは、ほとんど欠席せず、症状そのものが消褪していったので通院の必要もなくなり、やがて、同時に部活動や学校生活に完全に復帰できた。予後：その状態は3年次にも継続し、時々廊下や行事で出会ったときなどには、「メッチャ元気です」などとフィードバックをしてくれて、その後、症状が後戻りしていない。

（3）結果
D男の面接の経過
（1）（症状・不安への直面期）
初回面接：「壺イメージ法」ではイメージの壺に入る様子はまるで時間の経過がスローモーションのように緩慢に流れ、D男はまるで石橋をたたいて渡るように、慎重に取り組んだ。それは、こだわりの強い体験のプロセスであった。暗い壺の中、縄梯子を伝って、懐中電灯でゆっくりと足許を確認しながら降りる様子が印象的であった。しかし、途中、不安感から引き返すという経過をたどった。
（2）（症状・不安の回避期）
1週間後の2回目面接予定のキャンセル：症状が顕在化したため、本人が電話で予約の延期を申し出て、予定の面接日をキャンセルする。
（3）（症状・不安の表出・表現期）
第2回面接（2週間後、以後定期的に実施）：今回は「壺イメージ法」は実施せず、「風景構成法」を実施。その結果、特徴的だったのは、10個のアイテムを順に描く中（注2）、「石」（注：中井久夫「風景構成法」では、「山」

第4章　禅マンダラ画「○△□」創作体験法について考える

「川」「田」「道」「家」「木」「人」「花」「動物」「石」の順にカウンセラーが縁どった「枠づけ」にアイテムを描き入れていく）を「川」の堤防に赤い点でびっしりと敷き詰める様子は、症状そのものを表しているように見えた。その様子は、壺イメージのときと同様に緩慢で、こだわりが目立った。
（4）（症状・不安の受容・軽減期）
第3回面接：症状がやや消褪して、D男は嬉しそうに相談室に現れた。そこで、2回目の壺イメージ法を実施。今度は、よりスムーズに、しかし丁寧に慎重に行い、壺の底までたどり着けた。終わった後、達成感があった。
（5）（症状・不安からの回復期：①～④のプロセス）
第4回面接（終結）：元気そうに来室し、周囲を驚かせるような変化が見られた。①からだの症状やそれに伴うかゆみも引くと同時に、②こだわりや不安も少なくなくなった。そして、最初はおそるおそるであったが、徐々に登校するようになり、1週間後には、③対人関係も回復して④完全に登校できるまでになった。

（4）考察

　この結果から、（1）から（5）までの面接経過を、症状に対する不安の受け止め方（体験様式）の変化ととらえ、それぞれ、（1）直面、（2）回避、（3）表出・表現、（4）受容・軽減の段階を経て、仮説の①～④までの段階を経て、（5）徐々に回復し、登校するという行動の変容に到るプロセスがあった。

　ここからも、D男のアレルギー性の心身症は、見立てや方針通り、多分に心因性のものであることから、イメージや絵画を取り入れた心理療法的な取り組みによって、D男は、感情やからだのレベルの有機体の経験を受け入れ、症状へのこだわりや不安を和らげた。その結果、幼児期からの比較的長い間に培われた固い枠組み（自己概念）をより柔軟にし、ありのままの自己（有機体経験）を受け入れて、比較的短期間に心理的変化（シフト）や行動の変容を経る回復を示した。

4．考察

　このケースを振り返ると、最初「壺イメージ療法」により取り組んだものの、D男は、直面的な課題（刺激）に対して、不安を喚起し、その結果症状が表面化し、次回の面接をキャンセルするという拒否的な態度に変わった。しかしながら、次回の面接は自分から要望した。その際は、前回の拒否反応を配慮して、壺イメージではなく、枠づけ法である「風景構成法」を実施した。その結果、自分の不安や症状を象徴的に表現する描画を作成した。その後、不安や症状は軽減し、次回の面接では、周りもびっくりする程、すっきりとした表情であった。そこで、再度、壺イメージ法を実施したところ、1回目では時間をかけたもののどうしてもできなかった壺の底に降りて、壺の中を体験するイメージ体験ができて達成感が伴い、何らかの受容的な心理的変容が期待された。そして、実際、それ以降、不安症状やアレルギー性の症状は、以前の状態とは打って変わって改善したので、面接は一応終結した。その後、夏休み明けの学校の授業や部活動に、最初はおそるおそる、慣れて来るにしたがってより完全に、クラスや授業に復帰でき、とうとう完全復帰を果たした。

　この最終の局面におけるおそるおそるの様子は、壺イメージや風景構成のときと同じようなゆっくりとしたペースであり、イメージワークや描画における心理状態を考えれば、現実の不安や症状と同じであることが想定され、症状が面接場面に表れたといえる。このことから、壺という丸い容器の中では、抵抗を示したD男が、回避的な経過をたどったものの、「風景構成法」という安全弁のきいた枠づけ法によって、ようやく自己表現ができ、ついに症状や不安を受容し、解消するという体験のプロセスを示した。これは、症状や不安を回避していたD男が、イメージ体験を通してそれをいわば「くぐりぬける」プロセスがあったと見られた。このことから、長年悩んできたアレルギーと不安症状が対人不安や不登校という2次的な障害を来していたケースについて、カウンセリングの受容体験に加えて、心理療法的な安全弁のきいたイメージ体験と描画体験によって、不安＝症状に直面し、受け入れていくことができ、さまざまな不安や症状を克服できたというプロセスであった。

第4章 禅マンダラ画「○△□」創作体験法について考える

　これは、①壺イメージの開放的な場面で、クライエントが直面的な体験様式で抱いた不安や症状の再発という一見、回避・後退的とも見える体験過程を経た後に、②枠づけ法として風景構成を提示したところ、再び直面的かつ表現的かつ受容的な体験過程を経て、③最終場面の壺イメージにおいて受容的な体験様式を追体験して徐々に不安や症状から回復していった、D男の行動の変容「体験のプロセス」と心の変容「体験過程」を物語っている。
　この描画法（風景構成法）とイメージ療法（壺イメージ療法）を組み合わせたイニシャル・ケースおよび体験過程スケール（ＥＸＰスケール、池見、1995）から、枠付けが由来し、EXP 尺度が暫定的に考えられた。（表1）

（表1）体験過程スケール

（段階1）拒否：自己関与の否定
（段階2）回避：自己関与はしているが否定的反応
（段階3）観察：状況に限定された反応の仕方
（段階4）直面：否定・肯定交々の内面や感情の発露・表明
（段階5）受容：感情移入的受け止め方、自己吟味、問題・仮説提起、探索的
（段階6）変容：気づきやシフト、意外性がありしみじみとした感を伴う
（段階7）覚知：気づきが拡大・発展、温かい融通性、自己一致、悟り

　ここから、イメージ法や絵画法を生かし、かつ、心理療法のプロセスの促進に特化したイメージ体験法として「○△□」をきっかけに、個人が以上に述べた心理治療のプロセスを体験できるよう、「描く・綴る・物語る」創作体験を取り入れて、「○△□（マンダラ構成図）枠づけ創作体験法」(略称、マンダラ創作体験）を考案し、その体験過程にもとづいた操作体系を、新たな創作体験法として試行できることを仮説として提起したい。

5．事例研究：イニシャル・ケースを含む禅マンダラ画創作体験法による実践例

（1）描画法（風景構成法）とイメージ療法（壺イメージ療法）を組み合わせたイニシャル・ケース（高2D男）
（2）DVにより不安傾向をもつ生徒に実施したマンダラ創作体験の実際（図2：高2男子G男の禅マンダラ画）
ア．面接の流れと創作体験の実施（表1）

（表1）

回数	面接の流れ	創作体験の実施まで
1	X年10月、初回インテーク面接（担任からの依頼）担任と本人に面接	以後、約3か月の間を置く
2	X＋1年1月第1週目、昼食時、自主来談	週3回の面接を希望する
3	翌日放課後、イメージ体験と面接	壺イメージの実施（イメージ親和性を確認）
4	（昼食時）	自律訓練
5	（ 〃 ）	〃
6	X＋1年1月第2週目、イメージ体験と創作	初回創作体験：禅マンダラ（○△□）創作体験
7	X＋1年1月第3週目、回復期継続面接	自己指示的（今後、自立訓練と創作体験を希望）
8	（昼食時）	自律訓練
9	（ 〃 ）	〃
10	X＋1年1月第4週目、イメージ体験と創作	2回目○△□創作体験
11	X＋1年1月第5週目、終結の自己決定	3回目○△□創作体験

以下の面接（11回）の流れを表（表1）にして、経過を考察した。期間は、2年10月初回面接後、約3か月の間を置いて、翌年1月第1週目から第5

第4章　禅マンダラ画「○△□」創作体験法について考える

週目の約1か月間、集中的に実施。

　初回面接（X年10月）：母親が父親の暴力から逃れ実家に住むようになったので、妹（中1）と一緒に父親から離れて暮らすようになったが、父親への恐怖があり、不安で、時々、授業中にも思い出していたたまれなくなることがある。

　2回目面接（X＋1年1月某日）：主訴：両親は、離婚して、父親の元から離れたものの、街で出会った時のことなど想像して不安になり、落ち着いて勉強もできないと語った。

　翌日、自ら相談に訪れ、昨日の相談で大分楽になったので、以後、1週に3回程度の面接を希望する。

　3回目は、不安傾向を軽減する方法として、自立訓練の実施および「壺イメージ」を実施する面接方針を立てる。「壺イメージ」実施後、動的イメージを体験したので、○△□イメージに親和性があることを想定して、次週（2週目）の6回目面接時、放課後に時間をたっぷりとって、マンダラ創作体験を実施することにする。

【マンダラ創作体験の実際】

　具体的な「描画」と「創作作品」は、本書「第3章　授業」の当日資料【作品集】（1）G男の作品（pp. 93−95）を参照のこと。次のように対応する。

　資料1、2、3—描画1、2、3；創作①、②、③

ア．禅マンダラ描画（以後、「マンダラ」と略称）：教示後、（図2）のようなマンダラを描く

（順序と配列および色合い）

　先ず、ヨコ長の葉書の中央下方に橙色でヨコに長い四角形を描く。次に、その上に、青色で丸い円を描く。さらに、その円の下に、2つの赤色の小さな三角形を描き、直角がそれぞれ外向きになり円が、固定するように配置する。いったんポーズを置いて、この図形をグルリと取り囲むように、大きな赤いヨコ長の楕円を描き、さらに、その真下にその大きな楕円を支える細長

い緑色の長方形を描いて完成。
（題名）「今の自分と将来の自分」

イ．創作体験

　先ず、描画について自分の感想を語り、「単純に」最初に描いたものが、支えられている今の自分を青い円で表したという。しかし、ころがりそうで不安定なので、下に二つの赤い三角形の楔形で固定したと表現する。次に描いた大きな赤い円は、成長してそれらすべてを包む将来の自分であるという。しかしながら、社会の中では支え合いも必要なので、下に緑色の薄い長方形を敷いたと解説して、短冊二枚に綴った。

　その様子は、最初からためらいやとまどいがなく、書きながらに気づいていく体験のプロセスがあった。それは、将来の自分が恩返しで逆に皆を支える立場になっているという思いと、「この文章を書いた後に」、「これからもっといろんなことを経験するにあたって、自分を支えてくれる人はもっと多くなると思った。だから、緑の四角は、もっと分厚くて長いものの方が適切だと思う」という将来にわたっても、自分はさらに多くの人に支えられているだろうという希望的な実感が得られたことである。これは、創作体験によって内観的、自己探索的な体験のプロセスが可能となり、それは、すなわち、フェルト・センス（意味感覚）に触れる経験であったことを物語っている。
（創作作品1）

考察：面接の流れの中で、6回目の時にこの創作体験を実施した意味は、G男が以前のカウンセリングから通常の不安症状が軽減し、問題に直面できるある程度の準備状態があったことである。また、G男の治療意欲は旺盛で、自己の問題解決や回復に向けて更なるステップを期していた丁度その頃であったということである。そして、マンダラ創作体験は、前週の壺イメージ体験の後ということもあり、抵抗も少なく、しかも、○△□の禅画の提示から、マンダラ画創作の教示も比較的スンナリと受けいれられて、イメージ体験、描画、創作、物語という具合に順調にのっていけるものであった。

　その中で、注目されるのは、青い円を現在の自分に見立てて、橙色で表現

第4章 禅マンダラ画「○△□」創作体験法について考える

された「温かい」安定した長方形の支えの上にいながらも、ころがりそうな不安定さを覚え、赤い楔状の三角形で固定したという、自己治療的な工夫を○、△、□の使い方で実行したことである。ここには不安定な自己への防衛的な心理機制が働き、その不安症状に対応している姿があった。そこで、このマンダラ図形には、症状が象徴的に表れやすい点で、心理療法の素材として適している一つの根拠となるであろう。

　また、支えられている自己の実感は、内観における、「重要な他者」へのめいわくをかけたこと、してもらったこと、して返したことについて答える内面的な作業のように、恩返しをしたいという思いの中に、絆や感謝の実感が込められていて、それを書き綴った創作体験においても、感情レベルの深い体験があった。しかも、それが、書き終わった後には、な心理的成長を示した。このことは、マンダラ創作体験が、描画法やイメージ法の特質を生かしながら、書き綴る方法の組み合わせによってさらなる「体験的な歩み」を進ませる結果となっていることを示している。

　第7回面接（X＋1年1月第3週目）：最近、調子が良くなってきた。家族もまあまあ落ち着いている。前回の創作体験を振り返ると「自分の普段の考えがそのまま表れた」と答えた。不安は軽くなったが、まだ、「途中」という表現に、トラウマが残っていることを示していると思われたので、次回からリラックス法として、昼休み時（水、金曜日）には、自律訓練法を実施し、放課後（月曜日）には、創作体験を実施するようにした。

　第10回面接（X＋1年1月第4週目）マンダラ創作体験の実施。今回は、前回創作に用いた葉書、便箋の代わりに、B5版の用紙2枚にそれぞれ描画と創作を行った。「好きな順にくぐりぬける」ときには、○□△の順に好きな順に並べ、中に入ると「こだまが返ってくるような感じ」であるという。また、その境目を通過するときには、「からだに障る」感覚があるという。

　体験のプロセス：○の中で小鳥の声が聞こえると草原や樹木が広がっていった。□の中では草原や樹木が少なくなっていき、△の中では、鉱物やマグマになった。そこから細い穴を通ってくぐりぬけると、外では、足元がフラつく感じであるという。「しみじみ味わう」セッションでは、もう一度○の中から入ってもらうと、景色は変って、「デジタル」の世界。光が明滅する中

第1部　創作体験法の展開

で、どこか「居心地の良い場所を探す」と、丸いコントロール・タワーの中、そこでしみじみとその感じを味わった。〇から外に出ると、明るかった。

【描画②】の特徴：先ず、〇□△を連ねて描き、下にはそれらを支える安定した台座を黒く描く。〇は大きく黄色に、中には緑の草原を思わせる配色、真ん中には橙色、上には空を思わせる青色。□は小さく橙色の天井が左に傾く形で茶色に、△は直角三角形で左向きに、中には、黒と赤の小さな粒粒の〇を下方にたくさん描く。上空には青い空。最後に、〇□△の中を貫くように、右から左へ一本の矢印を黒く描く。下の細長い長方形の四角の台座には縦に線が描かれ、それは見方によれば、線路にも見えるので、全体で新幹線が走っているようにも見える。
【創作②】タイトル：〈自分の人生〉

作品：小さい頃は何も考えていなくて、幸せに感じていたが、小学生の途中から、感覚で異変に気付き始め、気付いたら人間性、運動面などがめちゃくちゃなことになっていて、今やっとそこから抜け出した図。

体験後の感想：「異変」や「めちゃくちゃ」についてきくと、小さい頃から父親に抑えられてそのようになっていたが、今やっと自分を取り戻しつつあるように思うと答えた。まだ、その途中と付け加えた。
考察：イメージ体験から描画、創作とその後の分かち合いのセッションを含む創作体験によって、G男は、自分のこれまでを思い出し、幸せな黄色い大きな〇に囲まれた野原や自然のイメージが、小さないびつな□になるのは、小学校の頃の「異変」を表すのだろうか。次の、△は、多くの赤と黒の小さい〇を容れ、それは、混沌としているようにもマグマのエネルギーのようにも見える。それは、流線形を思わせる直角三角形の形で描かれ、これらの体験を一気にくぐる抜けた様を→で表している。それは、トンネルをくぐりぬけた新幹線のようでもあり、最後の丸い居心地の良い部屋は、操縦席で運転している図にも思えてくる。〇から外に出て明るかったのはトンネルを出たにも通じるので、自己を取り戻しつつある「人生」（体験のプロセス）が象

第 4 章　禅マンダラ画「○△□」創作体験法について考える

徴的に描かれ、その「途中」ということばに意味がある。(このことを、次の面接(第11回)でＧ男に確かめると、「ほぼその通りです」と答えた。)
　この動くマンダラ画にもいびつな四角形のように症状が反映するので、「くぐりぬける」イメージ体験は、追体験して拒否・もしくは回避していたそのことを「見直す」とともに、それを「しのいで」いく体験様式でもある。それは、また、三角形の次のステージへの「くぐりぬける」体験様式でもある。「途中」ということばは、また、そのようなプロセス概念として、しのいでいるとともに次のステップ「乗り越える」までの途中の段階の意味があり、新たなステップに歩んでいく「くぐりぬける」継続的な意味を含んでいる。

(3) 三回目創作体験と終結について

〔資料 3〕

　創作体験では、次のような作品を残した。
【描画 3】（図 3）高 2 男子Ｇ男の三回目描画
【創作③】〔3 種の自分〕
考察：この 3 つ目の図は、○△□の順に表れたごちゃごちゃ、もやもやした「現在」の自分像、および、のっぺりとした四角い壁のように自分の前にそそり立つっている「過去」の自分像、そしてその中心に表れた透明の三角錐の中にある緑の双葉が象徴する「未来」の自分像を表す概念図である。本人の物語るところによれば、中央の若葉の画は、友だちに囲まれて未来に希望を感じる自分のありのままの姿であるという。こうして、問題を 3 つの時制から客観化したＧ男は、その後、（受験期にあったことを考え合わせて、）自ら終結の意を表明して、自立の決意を経て、相談は、終結を迎えた。これは、自分の問題を時間的な流れから、視覚化し、明確化した結果、新たな自分と出会い、未来に希望が見えてきた図と考えられた。実際、以後、相談室から離れて、自主的に行為するストーリーラインをたどる創作体験の流れが見られた。それは、ちょうど全体として、①受容○→②変化△→③行為□のように、3 回の創作体験が一つの物語を構成してゆく回復・中心過程を象徴する

ような画であった。

結論
1.「くぐりぬける」の概念規定

　その意味で、このケースにおける○△□法の「くぐりぬける」は、下位概念として、問題の①「拒否」、②「回避」するこれまでの体験様式から、創作体験によって、それを③「見直す」（観察）とともに④追体験（直面）し、そのときの不安や症状を表現（表出）することによって、新たな体験的歩みである⑤探索的な体験様式を経て、問題を⑥受け止め受容し、その結果気づきを得るなど受け止め方を変えていき（変容）、これまでのわだかまりを「しのぐ」（受容・軽減）とともにしみじみと体験していき、最終的にはそこから気づきを重ねて行って、問題そのものを、⑦「乗り越える」（推進・回復）というステージが想定されるので、一連の体験のプロセスを内包する。そして、「こころをころがせる」という本論のテーマであるプロセス概念の中にあって、「くぐりぬける」という概念は、心理療法的な側面を表し、その中核概念として位置づけられるものである。それを本事例に照らせば、このプロセスがまだ「途中」の段階であることから、本研究における体験過程スケールから見て、おおよそ第3段階（しのぐ）から第4段階（ふっきれる）を経て、第5段階（のりこえる）にわたるプロセスを敷衍するものであると解析した。

2. マンダラ画と変化の様相

　この事例から、G男のマンダラ創作体験において、○、△、□の幾何学模様は、○が幼児期の平和な心境や、現在のデジタルな世界を操作する自由自在な心境を表す一方、□は症状・不安を受け入れる受け皿すなわち枠づけとしての機能をもち、△は、心の不安定な状態を支える安定した形態やエネルギーを内包する心の変化や成長を意味するフェルトセンスの在り処を示すものであった。また、第1回目の順番、□→○→△とそれらを包括する大○、そしてその下にそれらを支える大きな長方形を描くといったそのつながり、第2回目が、○→□→△、そして、最後に○へと移ったその順位や順番は、その時々の有機的な心の変化や反応や成長を表す体験のプロセスや体験過程

第4章　禅マンダラ画「○△□」創作体験法について考える

を象徴するものとなっていて、単独の幾何学模様よりも、より自由に体験的な心の歩みや、シフトや、推進といった、フェルトセンスにふれて心が変化する様相を表しやすく、その点で、○△□法がプロセス指向に特化した枠づけをもつといえよう。この意味から、この禅マンダラ画枠づけ創作体験法は、体験過程に特化した臨床心理学的な一つの方法であることを明らかにしたといえよう。

（4）E男（20代後半）双極性障害─EGにおけるマンダラ創作体験のイニシャル・ケース

　この創作体験は、3泊4日のエンカウンター・グループ（以下、EGと表記する）の3日目に実施されたもので、全部で19名の参加者のうち、E男とF子の2人の希望による参加で同時に実施したものである。計6回の小グループと計3回のコミュニティ・グループおよび1回の課題・関心別グループから構成されるEGの中で、同じグループにファシリテーター・スタッフの一人として所属していた筆者は、課題・関心別グループの中で、「こころをころがせる」という題で、創作体験を提案したところ唯一E男が応募した。実施時には、新たにF子がこのグループにいわばすべりこみで参加し、提案者とともに3名で、当時まだ名もない創作体験法が実現した。筆者はすでに30数回を重ねるこのEGグループ（通称、有馬研修会）で長年創作体験法を実施してきた（畠瀬、水野、塚本編、2012、筆者、2003）。今回は、枠づけを変えての新たな創作体験の試行であった。この課題・関心別グループは4回の小グループと2回のコミュニティ・グループの実施の後、3日目の午後のセッションで行われたので、小グループやコミュニティ・グループとの関連で考えてみたい。

【教示】
　それは、次のような教示で始められた。

　「先ず、個人の症状や不安を含む問題を、○△□といった単純な幾何学模様を刺激として、象徴的に体験し、それを先ず描画によって表現しま

123

す。そして、そこに反映する自分の問題に気づき、受け止めていきます。その受け止め方は、概ね、「直面」、「拒否」、「回避」、「受容」、「回復」という体験様式やプロセスを想定し、それに気づくことによって、反応が変わっていきます。そして、そのことによって、受け止め方自体が変化し、逆に反応が刺激を変えて行くというプロセスが生じると仮定します。その結果、こころのあり方や体験の仕方など個人の体験様式や行動が変化していきます。それと同時に、不安や症状自体が軽減していくこころの変化のプロセスを経験的に理解することができ、これら一連の現象を、こころをころがせるというテーマで表現しました。

【演習の手順】

　演習は、主に、（1）マンダラ図形（〇△□）の提示、（2）観照、（3）くぐり抜けてみる（通過しやすいように順序を変えてみるのもよい）、（4）描画（経験を葉書大のカードに表現する）、（5）絵の題名を考え、物語を創作する（構想し、綴るのに十分な時間をとる）、（6）創作作品を描画とともに物語る、（7）フィードバック・セッションというものであった。

ア．E男のケース・スタディ

【描画】動くマンダラ画

　葉書状の用紙を自分で大きく枠づける□（茶色）：上から1つの大きな〇（枠に接している）；大きな1つの長方形□（支え）；3つの△（支え）、小さないくつもの●（赤、支え）〔横長の葉書の右方に大きな三角形の乗り物様の立体を描く：マンダラ構成図〕この画は、上から〇、□、△、●がそれぞれを下から支えて、全体として大きな乗り物が屋根の上の滑車によって大きな枠取りに沿って動いている画（構成図）となっている。それは、枠づけの中で自由に動くマンダラ画である。

【題名と物語】描画の題名は「愛」である。E男によれば●：感性、△：理性、□：知性、〇：直観であるとのこと。全体が人間有機体を表している。直観

を表す滑車（これは比較的大きな○で大枠の□の天井に接する形で描かれた）や感性を表す多くの赤い車は、理性や知性で構成された本体を安全な軌道に沿って、感性、理性、知性、直観を自由自在に働かして融通無碍に動いている自己の有機体経験を表しており、それが、体験後の高揚感と達成感に示されていた。このように、創作体験は、個人の「今・ここ」の思いや状態を象徴的に表すばかりでなく、自分から枠づけた太枠が象徴的に示すように、大きな容器にも喩えられるＥＧの安全弁のきいた中での体験のプロセスを反映するものであった。実際、このケースでは、Ｅ男が引きこもりから脱したい思いがあり、ＥＧという信頼関係に基づく対人関係の中で、自己表現を目的とする彼の課題達成と回復過程を象徴的に表す経験であったことが「愛」という題名の作品を通して物語られた。

【考察：Ｅ男の創作体験とＥＧグループにおける体験様式の変化について】
　Ｅ男は、初日、2日目とコミュニティ・グループと小グループではほとんど話さなかった。それは、皆の中になかなか打ち解けられないＥ男の人生態度そのものであったといえる。小グループの中で他のメンバーからやや離れて端っこに座る姿勢や、半身の態勢が、率直に物語っていた。それが気になった他のメンバーの働きかけに対しても、自分がここに参加した動機が対人関係の改善にあり、今とても緊張していることや、人前で話すのには困難で、今はまだその機が熟していないことなどを述べた。
　ここから、話したいのに話せないでいるＥ男の自己不一致の状態が表現された。また、グループやコミュニティで話していないのも決して後退的で消極的な姿勢ではなく、むしろ皆の前で自己表現することを目標として参加していることが判明した。やがて、その気持ちは、やはりはじめてＥＧに参加して沈黙しがちであった女性メンバーが、はじめて口を開いたときに「自分と同じようにあまり話さなかったＨさんが話すのをうらやましいと思った」という表現で言い表した。Ｅ男は、このようにして他のメンバーへの関心の気持ちをグループの中ではじめて出すことができるようになっていき、半身の態勢からグループの円の中に入ってくるようになった。そして、翌日の朝のコミュニティのセッションで、筆者が提案した「こころをころがせる」創

作体験のセッションに参加の意思表示を、ただ一人であったにもかかわらず、挙手をして行った。

　E男が創作体験のセッションに参加した段階では、小グループの中でようやく自己の気持ち（「うらやましい」）に気づき、グループの特定なメンバーに向かってその気持ちを吐露できるようになったそのときであった。この段階で、E男が表現したのは、上のようなマンダラ図であった。そこから、自分の気持ち（感性や直観）が円や車のイメージとなって、理性や知性を働かせながら統一的・統合的に自己発揮していく図を、自ら四角い大枠で表した、EGや小グループやさらに小さな創作体験グループの幾重にもなる安全弁のきいた枠づけの中で象徴的に表現した。その様子は、生き生きとして楽しげで、もう一人のメンバーとも嬉しそうに創作作品を分かち合っていたのが印象的であった。

　その後の夜の小グループ・セッションでは、E男がグループの中心になり、ここに来るに至った経緯や既往歴、会社での人間関係と引きこもりの経験を語り、このように皆の前で話すことができている今の自分が信じられないくらいに嬉しいとグループに関わっている自分自身を、「いまだに思いっきり100％のエネルギーを使って勇気づけています」と鼓舞しながら上気した顔つきでヨガのポーズのような姿勢で体験的に語っている姿が皆と打ち解けていて、成長する姿であった。

　さらに、最後のコミュニティでは、30名ほどの大グループの中で、ある若い同性のメンバーから、「Eさんのことが常に気にかかっていた」と水を向けられたときに、「自分は小グループや大グループや夜のフリーの会でも自己表現をすることが目的でやってきましたが、ほぼその目的が達成でき、今も皆さんの前でこうして話すことができていることを感謝しています」と結んだ。

イ．F子（30代）の場合

　F子は、E男と対照的に、コミュニティでの参加の意思表示の機会には「創作体験」への参加を表明していなかった。また、筆者のグループとは違うグループに所属していたので、何の先入観もなくこの創作体験グループのみで

第4章　禅マンダラ画「○△□」創作体験法について考える

の出会いであった。したがって、彼女がどのような動機からＥＧに参加したのか、また、小グループでの様子や関わりについてはわかりようがなかった。しかしながら、そのようなかかわり方こそが彼女の人生態度や対人関係を示すものではなかったかと思われる。それは、誰にも表明しないで、１人の参加の予定のグループへとまるですべり込むようにして参加した体験様式が物語っていた。しかしながら、創作体験の関与の仕方は積極的であったといえる。それは、創作態度だけではなく、創作作品に如実に表れていた。

【Ｆ子の描画】
　先ず、葉書をタテにして左隅から小さな白い四角形を描く。その□の天井から一つの正三角形がまるで屋根を突き破って外に抜け出さんばかりになっていて、二つの角はかろうじて引っかかっているのを描く。四角形の外は、濃淡で空と雲をあしらった透明な青色で背景を塗ってある。その左上のやや後方にはタテにやや長く楕円が赤い色で描かれており、それと丁度ダブるように手前には、もう一つの前と同じような形の三角形がまっすぐ描かれ、外に飛び出してしまったように描かれた。しかし、中は色がなく空洞になって見える。そして、更にはその上に同じ△だが、金色に光っているのが描かれていた。全体的に、美しい彩色が施され、Ｆ子の体験のプロセスがマンダラ模様によって均整のとれた形で構成されていた。

【物語】
　題名は、文字通り、「ホップ、ステップ、ジャンプ」である。その名の通り、三角形が四角形をけ破って外に勢いよく飛び出した格好である。四角形の外の上方に描かれた赤いタテ長の円は、「自分の理想像」として描いたという。しかし、そこにステップしてみてもどうにも居心地が悪く、中は中空になってしまった。そこで、そこからもう一歩空に飛び出すと３つ目の三角形は全く自由になり、中は金色で表現された。

【フィードバック】
　書き上げて、物語った後には、高揚感があり、Ｆ子はとても満足した様子

第1部　創作体験法の展開

であった。三角形が「ホップ、ステップ、ジャンプ」という自らの三段階のステップを表していることは、それぞれの三角形をつなぐ矢印の曲線によって示されていた。マンダラ画としては、全体的にバランスがとれて、しかも、弾むような躍動があり、創作者の「今・ここ」での自己一致した体験のプロセスを表しているのではないかと伝えた。F子はしばらく笑みを浮かべながら考えていたが、そのすぐ後で、「でも、結局は同じものに包まれている感じもある」と小声で言ったので、それは観音様の手の中にあるような？と聞くと彼女はうなずいて笑った。

　以上、創作体験の時間は、説明や教示に約30分、描画に約30分、物語に約30分、作品の分かち合い（フィードバック）に約30分を見込み、計約2時間を要した。

【レクチャーと演習】
　3時間の時間が与えられていたので、D男のケースと、そのとき実施した、「風景構成法」と「壺イメージ法」をE男とF子に実施した。（その結果は省略）。しかしながら、これらの実施に際して、前者でファシリテーターがA4の用紙の四辺に描いた枠や後者で教示した壺イメージは、それぞれ、二人の本質的な側面やパーソナリティを反映していると思われたのに対して、このマンダラ創作体験は、実際に行われているグループの中の対人関係や体験様式をより明確に反映していた。

【その後】
　F子は、高揚感を維持していたものの、翌日の最終日の早朝には私事で早退することになったと報告された。誰にも理由は明かされなかったので、同じグループの関わりの深かったメンバーは、ショックを覚えていた。しかし、筆者に伝わったのは、F子が創作体験後、見違えるように元気になった姿であり、そのことからも、彼女の描画に描かれた光り輝くジャンプをした三角形であった。3つの三角形は、現状の自分を抜け出そうとする彼女の体験のプロセスを示すものであり、このEGの中で自由になりたいと思っていた彼

第4章 禅マンダラ画「○△□」創作体験法について考える

女のメッセージであったと解釈できる。

【考察】
　E男の創作体験は、初めの否定的な拒否的な体験様式から、徐々に皆に打ち解け始めたときに行われたこと、また、次の直後のセッションでは、自分がグループの中心にいて、回を重ねる中で熟成してきた安心と信頼の相互関係の中に身をゆだねて、自らもそのダイナミズムに関与し、貢献していたことから、創作体験が、自己表現と自己一致に与かり、グループの信頼関係が成長する開放的なプロセスの中で、参加の目的や動機の実現にタイミングよく関与したと思われる。マンダラ図の知性・理性・感性・直観の統合・統一的な図柄と自由・開放的な動きは、その後のE男の自由闊達な自己表現や自己一致した様を象徴的に表している。また、グループの中での対人関係の改善は、受け止め方や体験様式の変容、「症状や不安」の軽減、EG後の社会復帰までも予想させる結果を示すものであろう。感想にあったように、それは、E男が抱いた「谷底から頂上へ」という心の中の山行（並行して六甲山を目指す課題・関心別グループもあった）といったイメージに象徴される体験のプロセスを反映するものであり、創作体験はそのプロセスを促進した「体験過程」であると考えられる。また、F子の場合もEGの中での自己の体験様式をマンダラ画に反映し、「今・ここ」での自分の心境や気持ちを自己表現できた点で、マンダラ創作体験が、プロセス指向のアプローチとして、「体験のプロセス」や「体験過程」を表すのに親和性があり、その点でこの方法が、臨床場面においてカウンセラーがクライエントの臨床像を知る上で一つの参考になることが示されたといえる。

6．結語と今後の課題

　上のように、E男とF子のマンダラ創作体験は、EGの中でのそれぞれの体験のあり方を象徴的に表し、体験のプロセスや体験過程を促進し、行動の変容をもたらしたことを示すことができたと思われる。そこで、新たに考案したマンダラ画枠づけ創作体験法が体験過程を促進し、不安や症状などの軽

第1部　創作体験法の展開

減に役立つであろうとした本稿の仮説が実証的に裏付けられたといってもよいであろう。今後は、このマンダラ創作体験をＥＧだけではなく、個別のケースにも適用して事例を重ね、カウンセリング一般にも適用できることを提起したい。

　なお、大阪人間中心の教育研修会の二日間のセミナーに参加された東口氏が初日の体験グループの分科会で筆者の主催する「灯台へ」創作体験グループに参加された経験から、ネット上で、そのセミナーの感想をその題名で「空と、海と、人と、私と」と表され、今後の彼女の組織の活動のテーマとしてつながりをキーワードとするとホームページに書かれた。このことから、私自身が○△□を着想したところ、それがタテ一列にイメージされて、大空の下、△の帆の舟の上で、大海原を漕いでいく自己の姿が思い出され、それはちょうど「灯台へ」創作体験の第3章で、登場人物のラムジー家の人々が灯台に向けてボートで漕ぎ出すシナリオと思いがけなく重なった。原作の『灯台へ』でも、同じ場面で、人間は見える部分は海から顔を出した一部にすぎないが、海面下では、巨大な三角形の塊に喩えられるという言及があることから、私の中で二つの枠づけが重なり、そこに私なりの関連性を見出すことができた。このように、○、△、□は、シンプルなイメージであるが、そこから、人それぞれに自由に自分なりのイメージを引き出すことが可能であるので、その点でこの枠づけは、自由度が高いといえる。また、ここから、○、△、□を、例えば、「空と人と海と私」という指定イメージを枠づけとして、つながりや絆をテーマとする方法などが構想できる。今後はこのような指定イメージ法や自由イメージ法との比較検討から研究を進めるのが課題である。

　本研究を通して、仙厓の禅画「○△□」は、藤原（1994）の三角形イメージ体験法にも通底する刺激と反応に関する心理臨床的素材を提供していることが裏付けられたのではないだろうか。鈴木大拙はこの水墨画に「宇宙」を読み取ったが、そこに、深遠な禅の道理を見出したのであった。一方、藤原は三角形という3辺と3角からなる最もシンプルな形態を見る者の心理を反映しやすい心理臨床的な媒体として取り上げ、それを一つの無機的な刺激剤として操作的に取り扱ったのであった。マンダラ画枠づけ創作体験法は、3

第4章　禅マンダラ画「○△□」創作体験法について考える

つの図形「○△□」が見る者には大変見やすい時間・空間的構成であり、三つのものが相まって観る者をひきつけ、個人の経験が反映する体験的なプロセスや体験過程が促進されるような操作的というよりはどちらかといえば体験的なまた有機的な媒体として注目した。そして、そこを「くぐりぬける」あるいは「こころをころがせる」イメージ体験から、その経験をマンダラ画に描く描画やその体験をストーリーに綴り、物語る「創作体験法」を組み合わせた内容である。筆者は、これをマンダラ画枠づけ創作体験法と称して、実践・開発し、新たな心理臨床的方法として提起したものである。要約すると、この方法の特徴は、体験過程に基づくプロセス指向の方法であり、体験過程療法の考え方を反映したものであることを断っておきたい。

注1：フォーカシングの最初の過程である「間を置く」には、体の中心部分に注意を向け、気がかりになる問題を探索する意味がある。吉良(1992) は、それがクライエントの「主体感覚の賦活」を促進する効果があると述べている。村田(2003) 第5章、家族をテーマにした「創作体験法」の開発について―体験過程を促進する創作技法の開発、pp.64,65.および同資料、ジェンドリン、E．T．(1986) のフォーカシングの過程概念。

注2：扶桑最初禅窟は、日本で最初に栄西によって開かれ、仙厓が管長として長らく仕えた禅寺、九州博多の聖福寺の云いである。仙厓はこの寺を生涯こよなく愛し上寺への昇進を再三勧められたにもかかわらず固辞した経緯がある（結局4回目にはやむなく引き受ける）このことから、自分の名前の枕詞としてそこに扶桑はすなわち中国から見て東方の海にある神木が象徴する日の丸日本を、△は座禅僧すなわち最初の禅僧栄西と自己の姿を、□は禅寺を表し、「日本で最初の禅寺」を賛美した画号そのものを表した図すなわち自己の拠って立つ境地を描き切った図ではないかと筆者に思われた。さらに言えば、中心に△（僧）としての自己像、それを包む○すなわち大日（仏）の光背さらにそれらを取り囲む□は、無量の摂理（法）を表すマンダラ図を表しているとも考えられる。見方によっては、仙厓が禅画で描いている聖徳太子像の教え：仏法僧の三法も見ることができるであろう。

第1部　創作体験法の展開

参考文献

村田進 (2003) 創作とカウンセリング，ナカニシヤ出版.
吉良安之 (1995) 主体感覚の賦活をめざしたカウンセリング，カウンセリング学科論集，九州大学教養部，9，48.
酒木　保、木内淳子、吉　沅洪 (2005) 色枠による家表現と時制と語り、日本芸術療法学会誌、Vol.36, No.1,2, 85-94.

第5章　体験過程尺度から見た「つくる」（枠づけ）創作体験法の心理療法的構造

　本研究の原点に戻って、体験過程尺度から禅マンダラ画枠づけ創作体験法を再考すると、仮説を検証することができるとともに、心理療法的概念構成が明らかになるなど、そこに本研究のウロボロス的発展とも云うべき進展が見られたので、以下に順次記す。

1．禅マンダラ画枠づけについて

　先行研究の体験過程尺度からの考察（〔付録〕B男の回復過程）を本研究の禅マンダラ画枠づけ創作体験法の開発に発展させたのが以下の研究である。この仮説的枠づけである「○△□」画は、クライエントの心にしばし、禅的な、心を「空」にするような「間を置く」意味があると云える。

【教示】「ダルマさんになったようにこころをころがせてみてください」について
　この教示によって○△□枠づけは、クライエントの停滞した心の内容を一旦ふっきって、新たに次の段階へと歩む「つなぐ」役目を担っていると見ることができる。
　これは、「壺」や「風景構成法」や「灯台へ」創作体験法で見たと同様に、○△□枠づけにも、「体験的一歩」や「推進」をもたらす、停滞から推進への作用があることを意味している。
　さらに、この「枠づけ」は、つなぐ作用とともに、イメージ体験を仕切る安全弁的な意味を持ち、心理療法的意味があることが体験的に裏付けられた。

2. 書く・描く・云々（創作）体験について

　さらに、本論（第3章）で示した通り、「○△□」枠づけは、3つの図形の組み合わせであり、一つの形に限定されない心の流動的な仕組みを反映しやすかった。それは、マンダラの構成図形として仮説的に提示したが、その結果、書く・描く・云々（創作）体験には、各人各様の内面が独特に表されてゆき、今ここでの心の変化を表現するのに十分で本論の仮説を裏付けた。

　特徴的であったのは、それらの構成図形が、静的な風景構成になり、ダイナミックな動きを伴って、さながら「動くマンダラ画」として独創的に描かれたことであった。【第3章［描画2（図3）］】

　書くことや物語もしかりであった。多くは、描画の解説風に終わったが、中には、絵よりもストーリーに重点を置いた創作体験があり、表題もユニークで特徴的であった。

　一方、禅マンダラ画（○△□）枠づけと創作（書く・描く・云々）体験との組み合わせ（通称○△□創作体験）は、創作者の個人的体験を趣向に応じてユニークにかつコンパクトに反映しやすい特徴があった。枠づけの作用から一旦停滞した体験が進みだすと、継起的・継時的にストーリーに発展しやすくなり、それが創作に反映するので、更なる体験過程の促進につながる傾向があった。

　そのために、○△□創作体験は、個別面接だけでなくグループで、中・高生やエンカウンターグループの参加者などに実施されれば、教示によってさして抵抗なく自由に取り組める点でグループにも親和性があると思われた。

3. 禅との関連から

　禅マンダラ画創作体験は、禅における一角性（注2）のような個人の弧絶的かつ超越的な内観的・禅的特質やマンダラ画における統一性・統合性などを反映しやすく工夫された、「間」あるいは「空（スペース）」を置く

第5章　体験過程尺度から見た「つくる」(枠づけ)創作体験法の心理療法的構造

「枠づけ」から構成されているものである。

　もう一人の郷土の禅哲学者西田は、「情意」や感覚に働く「意志」が純粋経験の根本的事実であると考えた。それは、ジェンドリンのフェルトセンス(からだの感じあるいは意味感覚)(注1)と照合する。(図1)

西田：〔純粋経験〕
　　　　　　　知　　　　　　　情意　　　　　　無意識
　　　　　　　　　　　　　　　(感覚)
ジェンドリン：〔体験過程〕
　　　　　　　意識　　　フェルトセンス　　　無意識
　　　　　　　　　　　　(からだ)

(図1) 西田とジェンドリンの体験についての考え方の比較・照合

　そして、ジェンドリンがフェルトセンスの特徴として挙げている「プロセスの一歩にはそれ自体に成長の方向がある。」も、西田の「意志」と相通じるものと考えられる。本論の文脈から云えば、それがロジャーズの「主体発揮」あるいはパーソンセンタードの考え方と軌を一にするものである。一方、鈴木の云う水墨画における質素な筆致で描かれた個舟の釣り人に表された「一角」性(注2)は、およそ全体とは非対称的な弧絶感を表しているが、それがかえって絶景を引き立たせ、「多即一」、「一即多」の禅の考え方につながる精神である。それは、西洋的な発想である知性や論理や対称性を重視する考えよりも、生活の中での質素や簡素を旨とする茶の湯やわび・さびといった非論理性、非対称性、直観などを重視する日本的な文化や美意識に由来するものであるから、禅マンダラ画創作体験は日本人により親和性が高いかもしれない。

4．体験過程について

　体験過程は、概念化のプロセスである。しかしながら、体験と概念が乖離すると体験過程は滞る。そこで、フォーカシングは、概念をからだの感じ（フェルトセンス）と共鳴させて気づきやフェルトシフトを進めてゆく。創作体験は、その流れを「今ここ」での体験の中で表現しようとするものである。この概念化のプロセスを「書く・描く・云々」体験に発展させたものである。

　その際、資料5の「壺」で見ることができるように、段階4～5を起点にして、段階5～6から段階6～7へと一気に推進することもあり、この一連のプロセスが「くぐりぬける」体験を構成するものである。創作体験はその継起的・継時的プロセスを反映していると云うことができる。その結果、回復過程が一層短期間になる可能性もあることが云えるであろう。

　このような体験過程は、禅の十牛図（注4）の「童子と牛、風景」が説く水墨画に示されている悟りへの十段階のプロセスに相通じるものであろう。体験過程は最終段階である段階7の気づきの拡大と「悟り」(awareness)を目指すプロセスであったが、十牛図では、それを外に探す段階（「尋牛」段階1）から足跡を見出し（「見跡」段階2）、発見し（「見牛」段階3）、捕まえ（「得牛」段階4）、飼いならし（「牧牛」段階5）、本来あるべきところすなわち自分の中に見出して騎乗し戻る段階（「騎牛帰家」段階6）を経て、やがて一体となって忘れるくらいにゆったりくつろぐ（「亡牛存人」段階7）というプロセスを経て、すべては無の世界であったと気づく（「人牛倶忘」段階8）。その画はまるで朧月のようにはっきりとした形は成さないものの円状の漠とした図として描かれている。その意味で牛はフェルトセンスと同じものと考えられ、悟りに至るプロセスとは、体験過程のフェルトセンスにふれていくプロセスとどこか相通じるものがあると云えるであろう。なお、「十牛図」はさらに、森羅万象に悟りを見出し、（「返本還源」段階9）、人々に教えを広めるまでに至る（「入鄽垂手」段階10）。

5．『ダロウェイ夫人』用体験過程尺度から

　研究の原点に還って、創作者の自己心理治療的過程があると仮定して裏付けた作品すなわち、拙論の創作体験の発想の根本となったヴァージニア・ウルフの作品『ダロウェイ夫人』(1925) でも、『灯台へ』(1927) で見たと同様な回復過程を作家ウルフの分身であるクラリッサ（ダロウェイ夫人）を通して見ることができる。
　そのクラリッサの体験過程は、おおよそ次の三段階で、低次から高次へと推進していく。

（1）彼女は、主催するパーティ用のお花を買って帰ったものの、召使のルーシーから有名なブルートンが主催する昼食夫のリチャードだけが招待されたことを知らされて屋根裏部屋に引きこもる場面がある。その時、彼女は心に「空白」を覚えるが本論の文脈から、それは「間」を置く過程であった。彼女は、フェルトセンスに触れながら、小さい頃から自分にまとわりつくベッドの白いシーツのような「処女性」(virginity) があると気づき、それが川のほとりでピーターの求愛を拒んだ「冷たい態度」(cold spirit) の原因であり別れのもとであったことに気づいてゆく。

（2）今はまた、夫リチャードから離れて屋根裏部屋に一人いて、弧絶感を実感している。その延長線上にセプチマスがいることはまだ彼女には知る由もないが、彼女が彼と同じ心理的な危機の中にあることが次第に明らかになってゆく。しかし、その危機感は、ピーターの出現と交情によって一変する。今は身を落とした彼が、クラリッサの主催するパーティに参加するため帰国して彼女を訪れた際、身の上を話しながらはからずも彼女の膝元で泣きくずれる場面では、二人に温かい感情が戻り、パーティでの再会を期す。

（3）パーティでは、セプチマスの死がうわさになり、クラリッサは、彼の自殺の心理的機序に、共鳴し、両価的な心情を探索し、受容していくが、

最期は今自分がここにあるのは、夫の存在の大きさであることに気づき、感謝の気持ちを抱くという高次のレベルの体験過程の推進であった。

6. 変化の相の構成概念「くぐりぬける」の中心概念「ふっきれる」の発見

この「推進」のプロセスは、図4で見たのと同様の変化の過程をたどるものであった。また、禅マンダラ画創作体験法の仮説から云えば、(1) こだわりやわだかまりの外的反応が中心の「しのぐ」レベル、(2) 屋根裏部屋へ引きこもり、心に「間」を置いてフェルトセンスに触れ、心理的危機に直面するプロセスとその時訪れた昔の恋人との間に温かい感情のよみがえりがあって、クラリッサは、感情の「表出」と「受容」を経験し、蓄積したわだかまりが「ふっきれる」場面であった。さらに、(3) パーティでの青年の自殺の知らせによって、彼女が死にまつわる両価的な心情に気づいて危機の事態を「のりこえる」体験過程があった。

このプロセスから、本論で仮説として提示した「くぐりぬける」のプロセス概念には、(1)「しのぐ」(段階3～4) と (3)「のりこえる」(段階5～6) の変化の相の間に、屋根裏部屋に象徴される「間」を置く段階があり、クラリッサが自分の部屋に引きこもることによって、心理的停滞から体験的距離を置いて「ふっきれる」段階4～5を見出すことができた。逆に、この段階を『ダロウェイ夫人』用体験過程尺度に当てると、「冷たい態度」(段階2：否定) へのわだかまり・こだわり (段階3：外的反応) から否定・肯定交々の感情の流出を経て (段階4：感情の表出)、ピーターとの再会によって「心安く感じる」段階 (5：受容) への橋渡し的な推進とシフトと考えられた。以上を含め総合的な視点から完成版を作成した。

その結果、「くぐりぬける」という、禅マンダラ画創作体験の中間的プロセス概念は、「しのぐ」と「のりこえる」の間に「ふっきれる」という下位概念を見出し、低次から高次への体験過程の推進を反映する心理療法的な構造を示した。(図2)

第5章　体験過程尺度から見た「つくる」（枠づけ）創作体験法の心理療法的構造

```
（体験過程）     段階3        段階4        段階5        段階6
              |――――――――くぐりぬける――――――――→|
              |――しのぐ―→|―ふっきれる→|―のりこえる→|
```

（図2）禅マンダラ画創作体験における「くぐりぬける」の概念構成

　これをＤＶ事例（1）に応用するとき、段階4〜5（ふっきれる）に該当する体験過程は、描画において、台座の上に小さい円を描き、それを赤い三角形で支えた後に、今度は赤い大きな円でこの構図全体を囲った時ではないかと推し量ることができるであろう。円を描くことによって、一切が「受容」されてふっきれる、仙厓の水墨画の円に示されるような（一切が無に帰する）また鈴木大拙の云う「無事」という安心立命の禅的な意味がここに考えられた。また、赤い色にはそのような気概が感じられる。

　以上から、○△□枠づけは、感情の表出を促すとともに、その受け皿としての機能を併せもち、段階4〜5「ふっきれる」プロセスを促進するとともに、低次から高次への橋渡しとなり、その結果、「くぐりぬける」の下位概念として、「しのぐ」、「のりこえる」のプロセス概念の間に「ふっきれる」を見出すことができた。このことから、禅マンダラ画枠づけには、個人の心理が反映されやすい点で、本論の仮説が裏付けられた。そればかりではなく、それと組み合わされた創作体験には、体験過程から見て心理療法的な構造を有し、「受け止める」(直面する）体験様式から、その上で徐々に「受け容れる」体験過程に推進するプロセスがあり、これも本論の仮説を裏付けていると云えよう。

7．結語と今後の課題

　体験過程の中に置いた「○△□」の「空」（スペース）は、ジェンドリンのクリアリング・ア・スペースに相当する「間」であり、直観やフェルトセンスの在り処である。それは、体験過程の中で、新たな自己にひらかれることを可能にするものである。それは、意識と無意識の間に合って、か

らだのレベルの有機体経験として低次から高次に向かって推進し、そこで個人が人生の諸相（「色」）を映し出し主体発揮する舞台となる。それは、今までの自分を一旦「空」にして、あらたな自己にひらかれているフェルトセンスにふれてゆくことである。その意味でそれは有機体経験であり体であり心であり命であり実現しやがて無に帰してゆくものと考えられた。

　ここに挙げられたおおよそのケースは、体験過程療法的な技法によって、比較的短期間に改善したことが特徴のひとつである。それを解明するのは、体験過程のペースあるいはスピードという時間的な観点である。先行研究のイニシャルケースとして挙げられたD男のケースでは、そのペースは、低次のレベルでは、まるでスローモーションのように緩慢であったが、高次のレベルでは、登校復帰におけるように回復のペースが驚くほどの速さであった。

　資料5のB男のケースの回復過程に見られるように、段階4～5のプロセスをくぐりぬけると体験過程は加速度的に推進を増して行くことが見出された。これまでの治療期間の長さとは対称的に、「壺」の終結までの経過は、6回の面接で要した約半年間であった。すなわち、体験過程の停滞がふっきれて推進すると、回復は加速するということが仮説的に云えるであろう。しかし、それがすべてのケースで該当するかは今後の検証にゆだねられるであろう。

　また、この方法によって、○△□学校臨床事例（1）では、クライエントが、実施後比較的早期にクラスに復帰できたことや、同事例（2）では、アクティング・アウト（行動化）が減少し、比較的重症のケースにも効果的であったことから、本論のDVによるPTSDのケースだけではなく他の心身症など一般的な不安を伴うケースにおいても、同様の心理療法的な意味があるかもしれないという仮説が生まれるであろう。

　そこで、今後ケースを重ねて、クライエントの心理的変化の傾向を追求し、「くぐりぬける」を中間概念とする「こころをころがせる」概念構成図を完成して実用化し、禅マンダラ画創作体験法の心理療法としての妥当性や信頼性を吟味・検討し、検証してゆきたい。

第5章 体験過程尺度から見た「つくる」(枠づけ)創作体験法の心理療法的構造

この「枠づけ」のヒントを得たのは偶々金沢の一角にある鈴木大拙館（注5）であったが、ゆくゆくはそれがさらに発展して、心理治療の場面だけではなく、教育的な場面にも応用されて、広く子供たちや大人たちがこころをころがせることができるキャンバスになればと願っている。

（注）

注1．フェルトセンスの8つの特徴（要約）（ユージン・T・ジェンドリン、1998、p. 52）
 1. フェルトセンスは意識と無意識の間の境界領域で形成される。
 2. フェルトセンスは、最初ただ、はっきりしない雰囲気・質として感じられるだけである（それは独特で確かに存在するものであるが）。
 3. フェルトセンスはからだを通して体験される。
 4. フェルトセンスは、一つの全体として体験される。つまり、内的には複雑であるが、全体としては一つの素材（datum）として体験される。
 5. フェルトセンスは体験的一歩を重ねることで進んでいく。それは一歩ずつ変化（shift）し、徐々に展開していくのである。
 6. 体験的一歩によって人は自分自身に近づいていく。自分とは、その人の中にあるどんな内容とも別個のものである。
 7. プロセスの一歩にはそれ自体に成長の方向がある。
 8. 体験的一歩の理論的な説明は、後から振り返ってみることでしかできない。

注2．「一角」性：大拙によれば、「日本人の芸術的才能のいちじるしい特色の一つとして，南宋大画家の一人馬遠に源を発した「一角」様式を挙げることができる。この「一角」様式は、心理的にみれば、日本の画家が「減筆体」といって、絹本や紙本にできるだけ少ない描線や筆蝕で物の形を表すという伝統と結びついている。両者ともに禅の精神とはなはだ一致している。漣たつ水の上の一介の漁舟は、観る人の心に海の茫漠たる広さの感じと同時に平和と満足の感じ、─「弧絶」の禅的感じを目覚めさすに十分である」とある。

注3．西田の「真実在」は、知情意と「無意識」から構成される。体験初期の「純粋経験」において、「意志」は知性よりも本質的であるという哲学的考えがあるが、これは、知性の働く段階以前の「純粋経験」における未分化な情意すなわち感覚においても意志が働いているので、意志こそ「純粋経験」の事実であるということをいっている。これは、意識と無意識の間にあるフェルトセンス（意味感覚）の概念と一致するものではないだろうか。その考え方は、ジェンドリンの定義、例えば、「フェルトセンスは意識と無意識の間の境界領域で形成される。」や「フェルトセンスはからだを通して体験される。」と一致する。

西田は、からだのレベルを感覚といい、そこに意志が働いていると考える。体験過程では、意識と無意識の間にある「からだの感じ」に焦点化していくが、これこそフェルトセンス（意味感覚）なのである。「情意」は最初の段階では、感覚ととらえられ、その意味でからだの感じと一致する。

注4．「十牛図」：村越英裕、『十牛図』が教える悟りへの道、禅の世界へ．
注5．鈴木大拙館開館一周年記念「仙厓と大拙」

参考文献

池見　陽(1995)心のメッセージを聴く―実感が語る心理学，講談社現代新書．

鈴木大拙、北川桃雄訳、禅と日本文化、岩波新書、p.13．

成瀬悟策（監），田嶌誠一(1987)壺イメージ療法―その生いたちと事例研究，創元社．

西田幾多郎(1950)善の研究、岩波書店

藤原勝紀(1994)三角形イメージ体験法に関する臨床心理学的研究―その創案と展開，九州大学出版会．

村越英裕(2012)『十牛図』が教える悟りへの道、禅の世界へ、2012,6,No.132.日経BP社、pp68-71．

村田　進(2003)『ダロウェイ夫人』用体験過程尺度（簡略版）、創作とカウンセリング，ナカニシヤ出版、p.179．

村田　進、パーソンセンタードの学習グループとしての「創作体験」について、畠瀬　稔、水野行範、塚本久夫（編著）人間中心の教育―パーソンセンタード・アプローチによる教育の再生をめざして(2012)、第7章、コスモス・ライブラリー、pp.141-158．

第2部

創作体験グループ法の発展と理論

第6章 パーソンセンタードの学習グループとしての「創作体験」について

1. まえおき

(1) 理論的背景

　エンカウンターグループ（以下、ＥＧ）は、パーソンセンタードであることをもとに、特に司会やテーマを決めないで参加者の自発性にゆだねて展開される。パーソンセンタードの概念とは、ロジャーズのクライエント・センタード（来談者中心）の概念がＥＧの中で発展し、教育や一般の対人関係の場に応用されたものである。その理念や実践は、ロジャーズ＆フライバーグ『学習する自由・第3版』(2006、畠瀬、村田訳)(*Freedom to Learn, 3rd. Edition*) に集約されている。そこでは、パーソンセンタードの理念が学校や教育的な場面で発揮され、教師主導型の伝統的なあり方に対峙する「自己発揮」(self-initiative) や「自己指導」(self-direction) や「自己規律」(self-discipline) などが真に教育的なあり方として重視されている。そして、その考えが大学などの高等教育のみならず、中学・高校（ハイスクール）の外国語教育や芸術教育、あるいは初等教育におけるプロジェクト型の総合教育などにおいて実現し、授業など生徒が主体的に学習する場面に適用されて普及していく実例や実績が多数挙げられ、今後の可能性について述べられている。

　有馬研修会は、そのようなカウンセリングの理念を教育の理念として学校で実現するために、主にＥＧや学習グループのコースに分けて実施されてきた。すなわち、その正式名称が伝えるように、それは、カウンセリングのみならず学習する自由の場として考えられ、例えば、小学校で実践されてきた「一人学習」（古賀）などのパーソンセンタードの理念に基づく学習グループの歴史がある。そして、その考えは、「関心・課題別グループ」というＥＧ

の中に組み込まれた3時間程度の1セッションのスケジュールの中で生きている。(スケジュール外の昼間や夜間の自由時間を利用したセッションもある。) 筆者は、ここ数年「創作体験」という体験的な学習グループを提案してきた。そこで、本稿では、そのねらいややり方や留意する点や教育的意味について考察する。

(2)「創作体験」のねらいとやり方

「創作体験」というのは、かつて筆者が有馬研修会において、コミュニケーションの一つの手段である書くことの心理的な成長の可能性を仮定して提案したひとつの体験法である。筆者は、文学的な作品研究から、心理療法的な意味があると思われた作品に注目し、そのプロットを枠づけとして創作しやすい方法を考案した。(資料1) その様式の中で、人物のセリフや独白の部分は空白にしてあり、参加者は自由にその内容を書き込んでいくという方法であり、出来上がった作品には自己や家族が反映したものを仮定した。それは、具体的には、英国女流作家ヴァージニア・ウルフの作品のプロットから登場人物の意識を綴る物語完成法である。創作する(書く)ために、教示にはシンプルな3章からなるプロットが示されてある。教示によって創作者はシナリオを書くように、登場人物の会話やセリフの部分を綴っていく。創作を体験することによって、自己の経験を作品に客観化することができるだけでなく、その過程で気づきを得るなど自己理解を深めることがそのねらいである。その後、グループの中で創作作品を発表し、分かち合う。そのことによって参加者は、作品を媒介に自己や他者の経験の世界に開かれていき、グループがよりまとまっていくことを意図した。

2.「灯台へ」枠づけ創作体験法の実践

従来の「創作体験」の枠づけとなったプロットは、灯台の見える避暑地に集まったラムジー家をめぐる人物たちが、10年の月日を隔て、過去と現在の1日の出来事を綴るものである。ウルフがそこで描いた第1章「窓」、第2章

第6章　パーソンセンタードの学習グループとしての「創作体験」について

「時は流れる」、第3章「灯台」は、「過去」「現在」「未来」の時間的構造をもち、それぞれの章が人々のその時その場（今ここ）での様々な視点から語られたものである。そして、そのうちの第3章は、ウルフ自身の分身であるとされている登場人物の画家リリーの視点から描写されていて、それは、ウルフ自身がリリーに寄せて自らの体験を綴った自己心理療法的な創作体験と考えられた。(筆者、2003)「創作体験法」は、このプロットを枠づけとして、そのプロットにもとづいて登場人物のセリフの部分を綴って行くというものである。そして、この方法は、「灯台へ」枠づけ創作体験法と名付けられた。

　その結果、出来上がった作品は、まさに千差万別、個性的なものであり、個人を反映しているものと察せられた。また、「創作体験」はＥＧの間に置かれたセッションであるだけに、創作し（書き）ながらに、小グループで経験した個人の深い感情の追体験であったり、そこから気づきが生まれたりといった内的経験の深まり（体験過程）が見られた。X子（教師）は、創作体験で母親との関係を見直し、長い時間をかけて修復したプロセスのきっかけとなった。その意味で「創作体験」は、創作後のグループのフォローアップも含めて、彼女の心理的成長を促す心理療法的かつ教育的に意味のある学習体験であったと云えるであろう。Y男（高校生）は、不登校を経験していたが、創作の過程で振り返った親や自己との関係や対話から現実を見直すきっかけとなった。D男は、その後登校し始めた経緯から、「創作体験」が個別面接においても教育的な意味があったことを示した。

3．「葉っぱのフレディ」枠づけ創作体験法の実践―その１：自殺防止のためのカウンセラー養成研修事業のワークにおける実践

　折しも、自殺防止のためのカウンセラー養成目的の研修事業があった。その中で、ＥＧが立ち上げられた。(表１) 筆者は、ファシリティターとしてそれに加わり、その中の課題グループに携わった。その時の課題は、自殺防止を目的とするために、命の大切さや対人関係をテーマとする『葉っぱのフレディ』のプロットを新たな枠づけとする「創作体験」を考案した。その枠づけや創作体験のプロセスについて結果を紹介し考察したい。

（表1）対人相互援助・グループ体験学習会プログラム

9	11	12	13	14	15	18	19	21	
				受付	全体会	グループ(1)	夕食	グループ(2)	宿泊
朝食	グループ(3)		昼食	グループ(4)			夕食	グループ(5)	宿泊
朝食	グループ(6)	全体会							

全体会＝コミュニティ・グループ、グループ＝グループ・セッション

　このEGは、相互援助の目的をもったプロジェクト型のEGとして、2泊3日の日程で、初日の午前から、3日目の午前まで実施された。E市の相談機関が会員に呼びかけたオープンなグループであった。そのメンバー構成は、20代から60代までの男性2人、女性5人、ファシリテイター・スタッフは、4名で、本会の相談役など心理学の専門スタッフであり、かつEGの経験者であった。グループは、最初と最後にオリエンテーションや感想を述べるコミュニティ・グループが総勢11名でもたれた。その間に6回のグループがあり、4人のスタッフが持ち回りで担当した。参加者7名、スタッフを含めると8名から9名（筆者は全コースに加わった）がグループに加わった。
　筆者は2日目の午前にグループ（3）として課題グループである「物語創作体験」を提案した。それは、EGの中の課題グループとして位置づけられるであろう。参加者は、ファシリテイターを含めて全部で8名。パーソンセンタード（人間中心）の内容と方法を含むので、そのことについて考察し、新しい「創作体験」の一つとしてその意味を考えたい。
　このEGでは、コミュニティーグループ（全体会）や小グループ経験とい

第6章 パーソンセンタードの学習グループとしての「創作体験」について

う、ベーシックなEGを中心に約2時間から3時間のセッションが重ねられていった。そのセッションの一つに関心課題別グループ・セッションがあり、スタッフから提案されて実施された。それは、課題中心のグループワークであるが、参加者が主体的にかつ自発的にパーソンセンタードに取り組めるように配慮された。例えば、スタッフが講義するというより、参加者が体験し対話しやすいように、イスが車座になるような配置が工夫された。

　このセッションは、体験のプロセスを物語るという意図のもとでなされた。会場は、海の見えるホテルの建物の研修室に付随した庭の芝生の広々とした空間であった。ＳＫ法（注1）によってペア作りから始められた。それは、ノンヴァーバルな触れあいを通して自分に合った相手を選ぶので、普段は視覚に頼りがちなわれわれがこころで触れ合うような体験であった。次に、それぞれのペアで、ブラインドウォークを10分間程度行い、自然に親しむと同時に、誘導する側が3回ほど気に入った風景のところで相手に目を開いてもらい、瞼の裏にその場面を写しいわばカメラになってもらうというワークを加えた。これは「3枚撮り写真」と称した。さらに、誘導する側は、途中で葉っぱや木切れなど気に入った自然のものを相手へのプレゼントとして持ち帰るという課題も加えた。そして、今度は、この経験を部屋にもち帰って、ペアやグループで経験を分かち合った。さらに、送られたプレゼントに名前をつけ、役どころに見立て、経験をレオ・バスカーリア作『葉っぱのフレディ』（1982）を枠づけとした物語に創作して（書いて）もらい、グループで発表し合った。これは、『葉っぱのフレディ』創作物語りと称した。そのために簡単なプロットを提示し、導入時と3つのセクションにおいて、教示を与えた。以下に、それぞれのセクションにおける教示と学習グループの実際の様子を具体的に示したい。

（1）「葉っぱのフレディ」創作体験法の教示

〈導入〉
　教示：これから、レオ・バスカーリア著『葉っぱのフレディ』にちなんだ創作物語りを行います。『葉っぱのフレディ』は、フレディという名の一枚

第2部　創作体験グループ法の発展と理論

の葉っぱが木の枝に芽吹き、一年の春、夏、秋、冬を経験する中で、次第に成長し、親友をつくり人生を謳歌します。しかし、次第に老いて行き、紅葉し、やがて、お互いに散り去って孤独の中で死んでいきますが、フレディは最期に木から離れるときに人生の目的や命の尊さを悟ります。このように『葉っぱのフレディ』は、一枚の葉っぱの一生の物語です。皆さんもこれから行う相互援助体験を通して、独自のユニークな「葉っぱのフレディ」物語を創作してもらいます。その後、作品を発表することによって、それぞれの体験のプロセスを分かち合ってもらいます。これを「「葉っぱのフレディ」創作物語り」といいます。

ア．〈ペアづくりからブラインドウォークへ〉

　それでは、先ず、ペアをつくりましょう。ＳＫ法という方法です。この方法は、目を閉じて、グループの中で手を前にかざして進み、言葉を使わないで、手が触れ合った相手と感触を確かめ合ってパートナーを探すという方法です。

　次に、それぞれのパートナーとブラインドウォークを行います。10分間程度自然の中でゆっくりと散策します。目をつむった人は、パートナーに身をゆだねるわけですから、介助者は、相手が不安や恐怖を感じないように工夫してください。その際、言葉はなるべく使わないでいてください。介助者は、危険を自分たちの合図で知らせてあげ、安全に導くことが大切です。

　介助者には、その他、二つの課題が与えられています。一つ目は、自分が気に入った風景や印象のところで、ポンと肩をたたくなど合図を工夫し、目を開けさせてあげます。目を開けたパートナーは、その風景を印象に焼き付けます。これを3回まで行い3枚撮り写真と称します。もう一つの課題は、ブラインドウォークをしている間に介助者はパートナーのために葉っぱや小石などのプレゼントをします。途中でも最後でも構いません。それらが一通り終わったら、次に、役割を交代して同じ作業を繰り返します。そして、終わったら、他のペアが終わるまで静かに待ちましょう。

第6章 パーソンセンタードの学習グループとしての「創作体験」について

イ．〈経験の分かち合いから物語創作へ〉
　次は、ペアで体験を分かち合うセッションです。お互いの経験を感情レベルで話し合います。(10分程度) 次に、グループで自分たちの経験を分かち合います。(10分程度) その後で、いよいよ創作に移ります。もらったプレゼントが登場してもよろしいです。最初に、名前をつけてから書き出しましょう。物語を書くときは、からだの感じに触れながら、内的経験をうつしだすように綴っていきます。頭ではなくからだの中心に意識を置いて、腕で書くという具合です。30分程度で書きあげましょう。なお、創作は、上手、下手の作品の出来映えではなく、書きながらに経験を文章に写し出して客観化していくことに意味がありますので、あまり深刻に考えこまない方が良いようです。経験を自由に綴るように心掛けてください。

ウ．〈「創作物語り」からフィードバックへ〉
　次に、作品の分かち合いです。何度も言いますが、作品の上手下手はあまり気にしなくて結構です。「創作物語り」を通して、聞き手の反応から、聞いてもらうことの楽しさや感動に気づいていくという体験のプロセスが大切です。先ず、主人公の名前から紹介してください。大抵、場が和みます。また、決められた順番に行うよりは、好きな順番に物語ることの方が自発的で意味があると思われます。なるべく自由な雰囲気で和やかに行ってください。

　これを、表にまとめると、「創作体験」のグループ・セッションの流れは、次頁（表2）のようになる。その結果、「創作体験」のグループ・セッションは、導入と3部の流れからなり、全部で7段階のステップから構成されていることになる。

第2部　創作体験グループ法の発展と理論

（表2）「創作体験」のグループ・セッションの流れ（予定表）

（時間配分）	（ス　テ　ッ　プ）
9：00 導入部	＜創作体験について＞ ［教示］ 　　（1）　『葉っぱのフレディ』のプロットの導入
9：30 第1部 （休憩）	＜ペアづくりからブラインドウォークへ＞ ［エクササイズ］ 　　（2）　SK法によるペアづくり 　　（3）　ブラインドウォーク／3枚撮り写真／プレゼントのワーク
10：30 第2部 （休憩）	＜経験の分かち合いから物語創作へ＞ ［創作］ 　④　ペアとグループによる経験の分かち合い 　　（4）　物語創作
11：30 第3部 12：00	＜創作物語りからフィードバックへ＞ ［創作物語り］ 　　（5）　創作作品の「物語り」 　　（6）　フィードバック 　　終了

（2）グループ・セッションの実際

　次に、学習グループの3つのセッションの実際の流れについて述べたい。（第3章参照）
　第1部（ア）は、言葉を使わないノンヴァーバルなコミュニケーションによる体験のプロセスであった。SK法やペアワークでは、視覚によらない経験や体感や実感を重視した。やはり、初めの目を閉じて手をかざしてグループをめぐる場面では、かなり抵抗感があるので、一層の配慮が必要である。しかし、やがてスリル感も手伝って、笑いが起こったり、歓声が起こったり、すぐに打ち解けて行く体験のプロセスがあった。パートナーは、意外とすん

第6章 パーソンセンタードの学習グループとしての「創作体験」について

なり見つかった様子で、スムースな展開のきっかけとなった。視覚によらない触れ合いのため、男女や老若の違いはすぐに解消していた。同じように、ブラインドウォークや3枚撮り写真は、目を閉じて自然の中を相手に身をゆだねて歩いたり、触れたり、駆けたり、自由を味わう人がほとんどだった。しかし、中には、ゆっくりしたペースでおそるおそる体験する人もいた。二人は20代、30代のまだ若い教師と主婦の女性ボランティアである。それぞれが普段とは違う体験のプロセスの中で、パートナーとともに自然や風土を体感した。参加者の中には、無邪気に本当の使い捨てのカメラを持ち込んで写し、ワークショップ数日後にメンバーに送ってくれた方もいた。空想3枚撮り写真は、作品の中に所どころ現れる風景に反映していた。ブラインドウォークは目を閉じて行われているために様々なイメージを喚起した。中でも、パートナーとの交流をテーマとする作品が多かった。

　プレゼントのワークでは、葉っぱや小石や小枝や木片や野花など自然の様々なものを与えあった。経験の分かち合いの場面は、ペアでもグループでも、話しがはずみ楽しそうに盛り上がっていた。プレゼント・ワークは、ペアの二人の関係を深める目的でなされたが、ＳＫ法からブラインドウォークにわたるセッションの最後に一つの別れのセレモニーとして効果があった。プレゼントとして渡された小石や葉っぱや小枝などのアイテムは作品で主人公に登場し、作品の重要なアイテムになった。

　また、第２部（イ）は、参加者各自が経験を内面化して、作品に客観化する個人が主体的に学習体験に取り組む段階であった。その段階に移ると、今までのかかわり合いから一転して一人ひとりが沈黙し、もくもくと創作がなされていた。それは、自己主体的に経験を再構成し、自己の内面に触れていく体験過程のプロセスであった。

　さらに、第３部（ウ）は、「創作物語り」で、作品を発表し合うセッションである。先ず、プレゼントにつけられた名前を紹介するところから開始された。名前のつけ方が個性的であるため笑いを買って盛り上がった。これがリラックスして自分の作品を発表できるきっかけになった。語られる作品はみなそれぞれに個性的で興味深いもので、大いに盛り上がった。

4.「葉っぱのフレディ」枠づけ創作体験法の実践—その2：保育専門学校における実践

　このプログラムは、同じスケジュールで、Z 保育専門学校の約 20 名の生徒の講座で実施された。これは、カウンセリング（教育相談）の講座でパーソンセンタードの枠組みで実施されたものであった。それだけに、この「創作体験」学習グループは、主体的でかつ能動的な活動に発展した。以下にその概要を伝え、「創作体験」の教育的な意味について考えたい。

　ある日の午前の授業（一コマ 90 分 × 2）に、生徒たちは青空教室を希望し、「創作体験」を実施した。生徒たちは、秋空の下で児童のようにはしゃぎながら、広場いっぱいに体を動かし、行動範囲を広げて「3 枚撮り写真」を取り合ったり、葉っぱを集めてプレゼントしたりと、遊戯のようにペアワークを実践し体験的に参加していた。これらの一連のワークは、仲間づくりのワークとして、また、信頼関係を深めるものとして、小学校から大学まで、さまざまな学校場面で応用・適用できる可能性を示唆するものであった。分かち合いのセッションでも、作品紹介で、ペアの相手とは異なる自分自身の固有な体験に気づき、驚き、開示し、他者や自己に一層開かれて発展した。

　次の「創作体験」では、各自がプレゼントとしてもらった葉っぱに名前を付けるところから始まり、笑いを誘うリラックスした雰囲気の中で、各自がユニークな物語創作を行った。これは、追体験を通して自己の内的経験（体験過程）に触れていく作業であり、それを客観化するプロセスでもあった。そのことによって気づきが生まれ、自己成長につながる可能性があった。

　最後の発表の「物語り」は、成果を分かち合うセッションであったが、生徒たちは、実に生き生きと自発的に手を挙げて発表し、賞賛し、感銘し、興奮し、共感し合って、大いに盛り上がっていたのが印象的であった。このセッションでは、教師は、特に介入しなくても生徒が自発的に作品を発表し合うのを見つめ、創作の喜びや達成感に共感することができた。こうして授業は、打ち解けた雰囲気の中で、高い満足度で終わることができた。そして、その後も、教師と生徒、および生徒同士は、互いの親密な関係を維持することができ、人前で自発的に発表し聞き合う喜びや達成感から自信をもつようにな

第6章 パーソンセンタードの学習グループとしての「創作体験」について

り授業にも積極的に参加できたことは収穫であった。これは、創作体験という学習グループがロジャーズのいう自己発揮（self-initiative, カール・ロジャーズ、H. ジェローム・フライバーグ、2006）の取り組みに発展したことを示唆し、創作体験の教育的な側面を支持する成果と考えられた。

以上、この新たなブラインドウォークなどのペアワークと創作体験を組み合わせたコラボレーション（組み合わせ）法は、『葉っぱのフレディ』に因んだ枠づけによって、各自自由に自分の体験を物語化し発表することを可能にし、その結果グループは成熟してみなが親しくなるプロセスがあった。それは、「灯台へ」枠づけ創作体験法に比べていわば、間口が広く、誰でも参加できる新たな枠づけの体験的、教育的なやり方として提案したい。

まとめ

ＥＧの中に学習グループとして位置づけられた創作体験は、ＥＧというパーソンセンタードの枠づけでなされるので、グループの動きがその学習グループに反映し、また、逆に、その学習グループの成果が小グループで分かち合われるなどの相互作用があった。また、コミュニティ・グループ（全体会）に合流した際にも話題として取り上げられるなど、新たな経験や関係性に開かれたグループの発展に寄与できるであろう。（第3章詳解）

今後の課題としては、なるべく参加者（生徒）自身が、主体的に活動に取り組むとともに、参加者（生徒）自身の手による参加者（生徒）自身のための創作体験に発展すれば、よりパーソンセンタードなものとして教育的な意味をもつと考えられる。

以上、「葉っぱのフレディ」枠づけ創作体験コラボレーション法（略称、「葉っぱのフレディ」創作体験）は、パーソンセンタードの教育場面でなされれば、グループや個人の対人関係の促進や体験過程の深まりにもつながる学習グループの一つとして機能し、教育的な意味があるであろう。

（注1）

「ＳＫ法」は、大須賀発蔵氏が、茨城県の青年会議所のグループで開発された

第2部　創作体験グループ法の発展と理論

一連のコミュニケーション法で青年会議所の頭文字をとって名付けたものである。そして、教育センター主催の講座でも実施されてきた。その導入部は、ペアやグループ作りの一手法として、言葉を使わないで目を閉じて、グループの中で手を前にかざして進み、アトランダムに触れ合った相手から気に入った同士でパートナーを見つけるという方法である。

（資料1）「灯台へ」創作体験法の教示と様式（2000）

今から小説家になったつもりで，創作体験をしてもらいます。構想をひねって頭で書くのではなく，これから述べる一定の枠づけの中で登場人物になりきって，フリー・ライティングで綴っていきます。記述は人物の会話と独白の部分です。最初に全体のストーリーをイメージし，次に各場面のセリフを完成させます。その際，身体の中心部分に意識を向け，そのフェルトセンス（felt sense, 意味感覚）からいわば腕で綴るように書いていくのがポイントです。

テーマは家族の燈台行きです。9つの場面からなり，創作者は飛び石のようにそれぞれの場面に移りながら，空白を埋めていきます。粗筋（プロット）は，以下のようです。

第1章「窓」の場面は，海岸に面した別荘の窓から遠くに島の燈台が見えます。

「明日は早いからひばりさんと一緒に起きましょうね」。とラムジー夫人は息子のジェームズに優しく語りかけています。そこに主人が現れて「明日は雨だろうな」と語る場面で始まります（事実翌日は雨になって燈台行きは流れてしまいます）。

期待していた息子は傷つき、母親がなだめます（第1場面）。

以下，3人の心の動き（movement, ムーブメント）を綴ってください。息子（ジェームズ）、夫人、主人の順です「空白」。

その他，画家でラムジー家に出入りしているリリーが風景を描きながら，「真ん中には紫色の三角形を描き入れましょうか」と言い，ラムジー家の人々のことを思いめぐらしています（第2場面）。リリーの心の動きを綴ってください「空白」。

第6章 パーソンセンタードの学習グループとしての「創作体験」について

　息子ジェームズを寝かせた夫人は，夕食の準備をしています。そこへ主人が入ってきて、会話をします（第3場面）。夫婦の心の動きを綴ってください「空白」。

　夕食後、一人きりになってラムジー夫人は光を投げかける燈台をうっとり眺めて一日の感想を述べます（第4場面）。夫人の心の動きを綴ってください「空白」。

　第2章「時は流れる」において、10年の歳月が流れ、戦争があり、ラムジー夫人は亡くなって別荘も荒れ放題になります。時の流れの詩が綴られます（第5場面）。

　ここでは創作者の心の動きを綴ってください「空白」。

　第3章「燈台」は，第1章と同じ設定で始まります。しかし、ラムジー夫人の姿はなく、皆回想にふけっています。燈台行きが実現し、海の上では今や16歳となったジェームズが、ボートの舵をとり、父親と娘のキャムが乗り込んでいます。

　「何かが欠けている」とラムジーは思い回想しています。ジェームズとキャムもそれぞれに回想しています（第6場面）。3人の心の動きを綴ってください「空白」。

　丘の上では10年前と同じ位置でリリーが風景を描きますが、構図がバラバラになり中心が描けません。リリーの回想です（第7場面）。リリーの心の動きを綴ってください「空白」。

　やがて，ボートは島につき，父親は息子に「よくやった」と、ねぎらいの言葉をかけます。ジェームズはひらりと島に飛び移り、燈台に向かって駆けます。キャムは「この言葉を待っていたのだわ」と思い、皆は心を通わせます（第8場面）。ジェームズと父の心の動きを綴ってください「空白」。

　この時、丘のリリーの絵には中心が入ります（第9場面）。リリーの心の動きを綴ってください「空白」。〈終わり〉

（参考文献）

カール・ロジャーズ、H.ジェローム・フライバーグ『学習する自由・第3版』(畠瀬稔、村田進訳) (2006) コスモス・ライブラリー．

第2部　創作体験グループ法の発展と理論

古賀一公、「人間中心の教育と「ひとり学習」」、『人間中心の教育 No.2』、1985、人間中心の教育研究会.
酒木保、木内淳子、吉沅洸（2005）「色枠による家表現と時制と語り」日本芸術療法学会誌 Vol.36,No.1,2.
村田進（2003）『創作とカウンセリング』ナカニシヤ出版.
村田進（2012）パーソンセンタードの学習グループとしての「創作体験」について、畠瀬　稔、水野行範、塚本久夫（編著）人間中心の教育―パーソンセンタード・アプローチによる教育の再生をめざして、第7章（所収）、コスモス・ライブラリー、pp.141-158.
レオ・バスカーリア（1998）『葉っぱのフレディ―いのちの旅―』童話屋.

［但し書き］

　本稿は、上記（2012）を再掲したものです。

第7章　エンカウンターグループにおける課題（インタレスト）グループのあり方について
―「創作体験」の位置づけ―

On Person-Centered Qualities in "Experiential Story Writing", as a Task-Oriented Group Session, Inserted in Encounter Group — Creating a New Way of "Experiential Writing" —

Key words: person-centered ／ experiential writing ／ frame of requirements ／ process of experience ／ EG-task-oriented group

　　　　This thesis aimed to research how a task-oriented group should be person-centered, compared with a structured encounter group, of which a teacher or a leader has the initiative. On the other hand, it was hypothesized that the EG-task-oriented group session called "experiential writing" should function as person-centered having the frame of requirements of the task-oriented group more flexible, favorable, inserted in encounter group, which might keep some people from participating in the group openly. Thus, an "experiential story writing" for a process-oriented method that could enable the participants to write the process of his or her experience of life more favorably, freely was devised, tried and suggested, so that the task-oriented group might be more flexible, favorable as well as person-centered.

　MURATA, Susumu (Seiryo Senior High School, Counselor)

キーワード：パーソンセンタード、創作体験、枠づけ、体験のプロセス、EG課題グループ

第2部　創作体験グループ法の発展と理論

　本論は、構成的エンカウンターグループとの比較から、パーソンセンタードの課題グループのあり方を探ったものである。構成的エンカウンターグループは、学校場面で親和的な教師中心のあり方であった。一方、「創作体験」というEG課題グループは、エンカウンターグループの中でパーソンセンタードの特質をもつグループとして機能した。しかし、その構成は、幾分窮屈な、人によっては親和性が低い側面があった。その点を改善して、「創作体験」のパーソンセンタードの特質に加えて、構成的エンカウンターグループの親和的な特質を併せもつ「物語創作体験」が開発され、試行され、新たな「創作体験法」として提出された。

はじめに

　C．ロジャーズ（1970）は、エンカウンターグループ（以下EGと表記）あるいはベーシック・エンカウンターグループ（basic encounter group）を、「これは経験の過程を通して、個人の成長、個人間のコミュニケーションおよび対人関係の発展と改善の促進を強調する。」と述べている。日本でも「人間関係研究会」が畠瀬により1970年発足し、以降毎年、EGの実践と研究がなされて今日に至っている。現在のワークショップ・プログラムの趣旨によれば、EGとは、「自分らしく生きること」、「人とふれ合うこと」を目的とし、「自分を理解し、他者との関係を発展させてゆく場」（2010年度エンカウンター・グループワークショップ・プログラム）と定義されている。そのワークショップの一つである「エンカウンター・グループ経験と人間中心の教育研修会」（通称、有馬研修会）に、筆者は、スタッフの一人として参加してきた。その方法は、特に司会やテーマを決めないでファシリテーター（促進者）が参加者の自発性にゆだねる形で10人前後のグループにより、1セッション2時間〜3時間の話し合いを3泊4日にわたり繰り広げていくものである。その参加者中心の一人ひとりの自発性が重視されるあり方は「人間中心」(1)ともパーソンセンタードとも呼ばれ、グループは「出会いのグループ」（encounter group）とも呼ばれてきた。有馬研修会は、このEGをベースにしたワークショップで、参加者全員で話し合うコミュニティ・ミーティング、

第7章　エンカウンターグループにおける課題（インタレスト）グループのあり方について

小グループ、関心・課題別グループなどによって構成されている。小グループは、教育研修会として学習グループを含み、ＥＧの体験学習のグループの他、ファシリテータ＆カウンセラー養成グループやフォーカシング・グループなどがあり、参加者のニーズに応じた形態で実施されているパーソンセンタードのワークショップといえるであろう。その中の関心・課題別グループ（インタレスト・グループ）は、参加者の自発性を重視したものであり、小グループと小グループの間に挟まれる形で構成され、パーソンセンタードのあり方が一貫している。

しかしながら、そのような課題中心のグループ（以下、課題グループ）は、ＥＧと共存しうるものであろうか。筆者がパーソンセンタードの研修会で提案してきた「創作体験」は、ＥＧのスケジュールに組み込まれたインタレスト・グループの一つとしてここ何年間にわたり実施されてきたが、課題中心であるだけに、参加者の自発性にゆだねるベーシックＥＧの趣旨と矛盾するのではないかという疑問があった。しかし、本研究では、「創作体験」のグループ法としての特質と意味を再考し、ＥＧの課題グループ（以下ＥＧ課題グループと表記）として新たなあり方を検討した。

Ⅰ．問題の所在

有馬研修会は、当初、「教育のためのエンカウンター・グループ経験と人間中心の教育研修会」という名称で1978年に神戸市有馬温泉で創設され、その後毎年開催されてきた。会場は震災等で周辺のいくつかの場所を変遷したのちに元の場所に戻っている。名称は、一時期「パーソンセンタード・アプローチによるエンカウンター・グループ経験と人間中心の教育研修会」に変わり、現在は「エンカウンター・グループ経験と人間中心の教育研修会」というコンパクトな名称に落ち着いた。この名称の変遷は、ＥＧの趣旨は変わらないものの、焦点が教育から、パーソンセンタードへ、そして、ＥＧ経験へと回帰したと考えられる一方、ＥＧの概念が統合的な方向に拡大したと思われる。つまり、ＥＧは、その根本の目的（「自分らしく生きること」、「人とふれ合うこと」）は変わらないで、様々な形態への発展可能性を含み変化してゆく自

由度を持っているものと考えられる。畠瀬（2008）は、有馬研修会と奈良県明日香で行われているＭＥＧ（多文化相互理解グループ）をＰＣＡグループ・アプローチとして取り上げ、比較している。有馬研修会では、小グループが中心のプログラムにインタレスト・グループ（課題・関心別グループ）があるが、ＭＥＧでは、インタレスト・グループが中心であり、参加者がプログラム作りの段階から自発的に参加するパーソンセンタードのあり方をさらに推進したワークショップであると伝えている。この考え方には、小グループもインタレスト・グループの一つであるという考えと「いかなる形態、人数の多少に関係なく、ＥＧ的かかわり（尊重・共感的理解・率直さ）を持つという前提がある」としている。これは、ＰＣＡグループ・アプローチの今後の統合的なあり方を指し示していると云えるだろう。

　パーソンセンタードとは、ロジャーズのクライエント・センタード（来談者中心）の概念が発展したものと考えられる。それはＥＧの中で発展し、教育の場に応用された。その理念や実践は、『学習する自由・第３版』(2006)（*Freedom to Learn, 3rd. Edition*）（ロジャーズ＆フライバーグ）に集約されている。そこでは、パーソンセンタードの理念が「自己主導」(self-direction)、「自己規律」(self-discipline) などといった個人のあり方を重視する概念として教育の分野において普及・一般化したことや今後の可能性・発展性について述べられている。日本でも有馬研修会は、教育研修会としてパーソンセンタードのあり方を体験学習する場となっている。その関心・課題別グループに「創作体験」がある。

1．問題

　「創作体験」の従来の方法は、英国女流作家ヴァージニア・ウルフの作品である『灯台へ』のプロットを利用し、登場人物たちの会話や独白の空白の部分を自由に書き綴る物語完成法であった。したがって、それは、『灯台へ』枠付け「創作体験法」(2) と称された。そして、「創作体験」とは、その「創作体験法」をグループや個人に実施する臨床法と定義している。この方法に心理療法（カウンセリング）的な意味があることについては、先行研究（村田、

第7章 エンカウンターグループにおける課題（インタレスト）グループのあり方について

2003）によって裏付けられている。「創作体験」は、創作を通して出来上がった作品をグループで分かち合うことによって、「自分を理解し、他者との関係を発展させてゆく場」となる。また、それは、体験過程レベルでフェルトセンス（経験を前概念から概念へと概念化するプロセスの中で気がかりとなるからだの中の漠然とした「意味感覚」）にも触れる深い内的経験になるものと仮定した。

しかしながら、この方法は枠づけが『灯台へ』という作品のプロット（すじ）であるだけに、広く一般の人が取り組むには間口がやや狭く窮屈な側面があった。これを打開するために、「創作体験」をコミュニティで提案・提示する際、「この方法は、創作を通して内的経験に触れるために小説のプロットを借りて綴るというユニークなものです。ヴァージニア・ウルフの作品である『灯台へ』を取り上げてそのプロットを提示しますが、そのセリフや会話の部分を自由に綴り、家族とあなた自身を振り返ってみます。そして、そのことが今後のあなたを展望する機会になればと思います。」などと説明してきた。その結果、参加者は、その年によって10人前後から数名程度、最近では1対1で実施することもあった。これは、テーマが家族に限定されるために参加者も限られるのではないかと推測された。そこで、枠づけをもっと柔軟にすることや、新たな枠づけを考案することによって、この方法が社会福祉的なボランティア・グループや自助グループなどにも応用でき、普及、一般化するのではないかと考えられた。

2. 目的

「創作体験」の目的は、創作の体験のプロセスを通して、ＥＧの参加者が自己の内面に触れて深いところで他者とコミュニケートしていくことであった。これは、「自分らしく生きること」、「人とふれ合うこと」という上記のＥＧの趣旨とも一致している。野島（1980）は、「1975年以降実に多彩な形態のグループ（Basic Encounter Group を原型としての modification）が企画されるようになってきている。」と述べ、24もの形態を挙げ、自らグロース・ゲームを中心とするゲーム・エンカウンター・グループの事例研究を行って

いる。この分類には、パーソン・センタード・アプローチ（以下PCAと表記）も含まれている。野島はベーシックEGから派生した様々なグループをナチュラルEG対ゲームEGとして区別して分類したが、その後「構造化されている」かいなかや、非構成的か構成的かの二極の分類で論じてきた。しかしながら、その後、村山（2006）は、EGの分類の仕方を構成VS非構成のみではなく、研修型VS自発参加型、既知集団VS未知集団などもあるとし、自らはそれらを統合した形態である「PCAグループ」を提唱して、従来行われて来た指示対非指示の二極を軸にした見方を改め、さらに、継続性方式から目的を明確にした短期的な「プロジェクト方式」を展望している。そこで、「創作体験」もそのような見通しの中で、新たな枠づけを開発し、従来の書くことすなわち創作することに加えて、物語ることにウエイトを置いた新たな「創作体験」を考案・試行することにした。そのために、先ず「創作体験」の方法を、最近広く流行している構成的EGや「PCAグループ」と比較検討し、その特質を明確にしてみたい。

3．グループの特質

「創作体験」のような課題のあるEGは、最近、教育場面などに多く取り入れられてきている構成的EGとはどのように違うのであろうか。構成的EGとは、ベーシックEGと対称的に、教師や指導者が主導権をもち、課題中心、スケジュール中心のグループもしくは授業形態である。構成的EGは、通常、授業・講義形式で開始され、①レクチャー、②エクササイズ、③フィードバックという手順で、一つの課題や目的に応じてグループワークが構成されている。したがって、生徒や参加者は、受動的であり、彼らの自発性は制限されている。それにもかかわらず、構成的EGは、非構成のEGよりは主として学校場面で流行しつつある。それは、一つには、構成的なものの方が日本の学校の伝統的な教師中心のスタイルに親和的である（なじみやすい）からであろう。一方、構成的EG（本稿では、「構成的グループ・エンカウンター」（国分）を含め、学校などで実践されている構成的なグループ・ワークを総称する）は、従来の教師の一方的な教授形態ではなく、しかもマスゲー

第7章　エンカウンターグループにおける課題（インタレスト）グループのあり方について

ムに見られるような全体的訓練とは違って、小集団に見られる家族的な凝集力や集団の開放性などの長所を生かした、ほどほどに自由でほどほどにまとまった、教師と生徒同士が相互に教えやすく学びやすい親和的な形態を持っているといえる。

次に、ベーシックＥＧと構成的ＥＧやＰＣＡグループがどのように違うか検討していきたい。ベーシックＥＧは、通常課題がないのに対して、構成的ＥＧや「ＰＣＡグループ」は、課題グループと考えられる。課題があるのとないのでは、グループの成り行きに大きな変化をもたらすと思われる。どちらかと言えば、課題中心の構成的なものの方が授業場面などに取り入れられて一般化して来ている。それは、ベーシックＥＧがファシリテーションの経験やスキルを問われるが、構成的なＥＧは、経験やスキルが比較的少なくてもゲームを取り入れたワークなどで気軽に利用でき、生徒もとまどわずに参加できることが多いからである。しかし、それだけに、ＥＧの本来的な特徴である、パーソンセンタードの側面が希薄になっていることはいなめないであろう。村山はこの点を考慮して、ベーシックＥＧの方法を現場に導入する際に、その導入に抵抗のある生徒の「初期不安」を軽減するような配慮をする一方、「はじめに個人ありき」、「一人ひとりを尊重しながら、つながりを持つ」というグループのパーソンセンタードの側面を強調して、統合的な仕方で、構成的ＥＧの方法をパーソンセンタードの方向に止揚する指針を明示・提示した。

村山（2008）は、「ＰＣＡグループ」が大切にしている視点として、7つ挙げている。①「はじめに個人ありき」として、グループは個人個人がつくりだしていくものであり、グループでの一人ひとりのあり方が尊重される。②「所属感の尊重」その人なりのつながり方や参加の仕方を大切にする。③「バラバラで一緒」これまでの日本流の一体感とは違って、別々でありながらつながれる感覚を大切にしている。④「心理的安全感の醸成」一人ひとりの心理的スペースが確保されている。⑤「コミュニティの認識」セッションだけでなく、ワークショップの全生活がふれあいの場である。⑥「ありのままでいられる自分」初期不安などをなくすため無理しないでそこにいられる配慮をする。⑦「メンバー企画セッションを盛り込む」クラスの凝集性を高

める目的でセッションの企画は参加者にすべてまかせられる。以上の７つのコンセプトのもとに、構成的にＥＧが実施されるので、村山はこれを従来の非指示的なものと指示的なものを統合したものと考えた。

　一方、筆者が提唱する「創作体験」の課題グループは、「ＰＣＡグループ」とどのように違うのであろうか。パーソンセンタードを志向する点では共通するが、「ＰＣＡグループ」は看護学校や大学の宿泊研修などグループ全体で大がかりに実践しようとしているのに対して、「創作体験」は、あくまでもＥＧのインタレスト・グループとしてその「内」で取り組まれている点で規模や形態の違いがある。村山も「ＰＣＡグループ」は、グループ全体で取り組む点や指示的な点で、インタレスト・グループとは違うと述べ、大学生などに「やらされ感」を抱かせる傾向があるとも述べている。さらに、インタレスト・グループといっても、ＥＧの中で息抜き的なセッションとして、散策したり、からだをほぐすセッションであったり、一人で過ごす選択も尊重されることも含めた自由選択的なあり方を含んでいるので、本研究では、それらと多少区別する意味で、インタレスト・グループのうちＥＧ体験学習グループは、特にＥＧ課題グループと称し、「ＰＣＡグループ」とも区別する。それは、あくまでもＥＧの中の課題グループであるという認識からである。

　構成的であるか非構成的であるか、パーソンセンタードであるか否かは、学校場面では、教師中心であるか生徒中心であるかの根本的な違いである。それゆえ、ＥＧの中で取り組まれる課題グループについても、構成的であるか非構成的であるか、リーダー中心であるかパーソンセンタードであるかが問われ、それによって、課題グループが単発的で補足的なものになるのか、あるいはＥＧの延長線上にあってグループそのものを成長させるような機能的なものになるのか、その性格が決まってくるといえる。

　有馬研修会の課題グループは、スタッフや参加者の中から希望され提案されて、希望者を募って実施されてきた。このパーソンセンタードのあり方は、例えば、プログラムの中には予め決められてはおらず、参加者から要望があればそれに応えて行く形で決められる方式にも表れている。

　課題グループの一つである「創作体験」は、ＥＧといった大枠の中に位置づけられるので、構成的ＥＧとはまた違った特質があると思われる。ＥＧの

第7章　エンカウンターグループにおける課題（インタレスト）グループのあり方について

中では参加者は、安定感をもち、相互対人関係や自己の内的経験を深めることができるとされてきた。EGの大枠は、グループや個人を守る安全弁として機能する点で、絵画療法における「枠づけ」と同種のものと考えられ、その点で、心理療法的な特質をより大きく備えていることが考えられる。

しかし、従来の「創作体験」は、創作する上での得意・不得意などの制約や課題やテーマが限定されるという性格上、自由度がやや抑制されることが難点として指摘されて来た。そのためグループはいわば窮屈になり、誰もが自由に参加できるという親和性の側面が弱まるのではないかという危惧があった。そこで、枠づけ法の安全性は保ちながら、親和性があるという方法として、安全でかつ比較的自由度の高い、統合的な新たな「創作体験」が考案された。

II. 方法

自殺防止を目的に掲げる「プロジェクト方式」の事業のEGに構成的な方法で「創作体験法」を取り入れる。その目的に応じた枠付けとして命の大切さや人生の目的をテーマとする『葉っぱのフレディ』を選択し、プロットを工夫する。「創作体験」にブラインドウォークを加えるなど構成的なエクササイズを組み合わせることによって、参加者は、相互援助体験をし、創作への動機づけを得る。「創作体験」では、書くこととともに、「物語り」を主眼に置く。それによって、グループとしての盛り上がりや満足度を高めてより親和的なプログラムにする。

III. 結果と考察

X年度公的事業の一環としてE市のボランティア・グループは、対人相互援助・グループ体験学習会を企画したが、筆者は、ファシリテーターの一人として参加した。その時の方法（第2章「教示」及び「創作体験のグループ・セッションの流れ」（表2参照）について、グループの構成という視点から改めて考察したい。

第2部　創作体験グループ法の発展と理論

　このEGは、カウンセリングの目的をもったプロジェクト型のEGとして、2泊3日の日程で、初日の午前から、3日目の午前まで実施された。E市の電話相談機関が一般に呼びかけたオープンなグループであったが、参加者は会員が中心であった。そのメンバー構成は、20代から60代までの男性2人、女性5人、ファシリテイター・スタッフは、4名で、本会の顧問・相談役（星野命・多田治夫）など心理学の専門スタッフであり、かつEGの経験者であった。グループは、最初と最後にオリエンテーションや感想を述べるコミュニティ・グループがもたれた。その間に6回のグループ・セッションがあり、4人のスタッフが持ち回りで担当した。参加者7名、スタッフを含めると8名から9名（筆者は全コースに加わった）がグループに加わった。

　筆者は、2日目の午前に、EG課題グループとして「物語創作体験」を提案した。参加者はファシリテイター・スタッフ（2名）を含めて全部で10名であった。（そのうち1人は、このセッションのみ希望して特別参加した）。それは、課題グループ・セッションであるが、参加者が主体的に自発的に、パーソンセンタードに取り組めるように配慮されていた。例えば、スタッフは講義よりも体験学習中心の、参加者が主体的に自発的に体験し対話するのを促進するような体験的な方法をとった。

　このセッションは、体験のプロセスを物語るという意図のもとでなされた。会場は、研修室に面した中庭の比較的落ち着いた空間であった。SK法によってペア作りから始められた。（第2章「教示」と「流れ」：表2）それは、ノンヴァーバルな触れあいを通して自分に合った相手を選ぶので、普段は視覚に頼りがちなわれわれがこころで触れ合うような体験であった。次に、それぞれのペアで、ブラインドウォークを10分間程度行い、自然に親しむと同時に、誘導する側が気に入った風景のところで相手に目を開いてもらい、瞼の裏にその場面を写しいわばカメラになってもらうというワークを加えた。さらに、誘導する側は、途中で葉っぱや木切れなど気に入った自然のものを相手へのプレゼントとして持ち帰るという課題も加えた。そして、今度は、この経験を部屋にもち帰って、ペアやグループで自分たちの経験を分かち合った。さらに、送られたプレゼントに名前をつけ、役どころに見立て、この経験をレオ・バスカーリア著『葉っぱのフレディ』（1982）を枠づけとした物

第7章　エンカウンターグループにおける課題（インタレスト）グループのあり方について

語に創作して（書いてもらい）、グループで発表し合った。（『葉っぱのフレディ』創作物語り、第2章）そのために簡単なプロットを提示し、教示を与えた。

　第1部のエクササイズは、言葉を使わないノンヴァーバルなコミュニケーションによる体験のプロセスであった。ＳＫ法やペアワークでは、視覚によらない経験や体感や実感を重視した。やはり、初めの目を閉じて手をかざしてグループをめぐる場面では、かなり抵抗感があり、「大丈夫、危険を察したらいつでも目は開けられます。ペアが成立するようにファシリテイターが見守っています」という教示が大切であった。しかし、やがてスリル感も手伝って、笑いが起こったり、歓声が起こったり、すぐに打ち解けて行く体験のプロセスがあった。パートナーは、意外とすんなり見つかった様子で、スムースな展開のきっかけとなった。視覚によらない触れ合いのため、男女や老若の違いはすぐに解消していた。同じように、ブラインドウォークや3枚撮り空想写真（誘導側が、目を閉じたパートナーに指示を与えて目を一瞬開かせて、その場の光景を脳裏に写すことを言い、時間などにより、一回もしくは数回行い、3つの場面で行う場合は、3枚撮り写真と称した）は、目を閉じて自然の中を相手に身をゆだねて歩いたり、触れたり、駆けたり、自由を味わう人がほとんどだった。しかし、中には、ゆっくりしたペースでおそるおそる体験するペアもいた。それぞれが普段とは違う体験のプロセスの中で、パートナーとともに自然や風土を体感した。参加者の中には、無邪気に本当の使い捨てのカメラを持ち込んで写し、ワークショップ数日後にメンバーに送ってくれたスタッフもいた。空想写真は、作品の中に所どころ現れる風景に反映していた。ブラインドウォークは目を閉じて行われているために様々なイメージを喚起した。中でも、パートナーとの交流をテーマとする作品が多かった。

　プレゼント・ワークでは、葉っぱや小石や小枝や木片や野花など様々なものを与えあった。ＳＫ法からブラインドウォークにわたるセッションの最後には、一つの出会いと別れのセレモニーとして効果があった。プレゼントとして渡された様々なアイテムは作品で登場し、お守りや絆の印として作品の中で重要な役割を担った。

第2部　創作体験グループ法の発展と理論

　参加者の感想は、「私たちは子どもの頃にもどったように、芝生を越えてサイクリングロードまで行きスリルを味わいました。」、「広い野原の中を手に手を取り合って駆け回った解放感は気持ちよかった。」、「外から建物の中に入るとヒンヤリ暗く感じられました。廊下の消火器を見せてもらったときには、赤色が鮮やかで、普段あまり目にとめていなかったものが、非日常的で美しく感じられました。」、「3枚撮り写真では空の青や雲や海や遊園地が驚くほど鮮やかに目に飛び込んできました。」、「パートナーの手のぬくもりや親切が身にしみてありがたかったです。」、「私は、この地に来て20年間過ごしていますが、今日のように外の空気を感じ、風景を体感できたのは初めてでとても新鮮な感じです。」など体験を楽しんでいる様子であった。このように、参加者は、人と人、人と自然との出会いや触れ合いを体験して、「今ここ」でのプロセスをからだとこころで味わう学習グループになった。

　参加者は、「空想写真では空の青や雲や庭が驚くほど鮮やかに目に飛び込んできました。」など、体験を分かち合っていた。このように、参加者は、人と人、人と自然との出会いや触れ合いを体験して、「今ここ」でのプロセスをからだとこころで味わって相互援助体験を実感する経験になった。

　第2部は、「創作体験」である。参加者はその経験を内面化して、作品に客観化する段階である。その段階に移ると、今までの騒々しさから一転して一人ひとりが沈黙し、瞑想に近い形でもくもくと創作がなされていた。それは、自分探しのプロセスにもなった。この流れについて、最後のフィードバック・セッションで、ある参加者は次のように語っていた。

　前半は、教示に従ってワークする「ゆだねる」セッションだったが、後半の自由な「物語創作」のときは時間がかかった。創作後の今の気持ちは、はっきりした感じです。物語の枠組みが気になりましたが、これは個人的には新たなプロットへの挑戦にもなりおもしろい体験でした。

　第3部は、「創作物語り」で、作品を発表し合うセッションである。先ず、プレゼントに名前をつけるところから開始された。名前の付け方が個性的であるため笑いをかつて盛り上がった。これがリラックスして自分の作品を発

第 7 章　エンカウンターグループにおける課題（インタレスト）グループのあり方について

表できるきっかけになった。語られる作品はみなそれぞれに個性的で興味深いものであった。

　それぞれの「創作物語り」はかなり主観的になされたので、分かりにくい部分はあったが、分かち合いセッションのフィードバックで物語の内容はかなり明確になった。比較から自らの甘えや対人関係の距離感の問題に気づいた人もいた。パートナーに愛着を示し、離れるのに未練があった人はある種の依存性のような誰かを頼りに生きるあり方の一面（体験様式）を表していると思われた。特筆すべきは、パートナー同士がつくる「創作物語り」があり、そこには互いの関係の反映があり、パートナーから自立していく場合と、依存するという、お互いの関係性に焦点化した特徴が見出された。発表の仕方も個性的で、「今ここ」において体験的に語られ、感情や身体レベルで物語っていると考えられた。それぞれの物語は、「葉っぱのフレディ」物語のように、物語る人の人生や対人関係のあり方を映し出すような作品であった。一つひとつの作品はユニークで、その個性や違いにみな驚き意外な感を深めていた。

　以上、「物語創作体験」において、作品のプロットや教示は、参加者がそれに身をゆだねることができる枠づけとなった。それによって、参加者は不安を和らげ、安心して自己開示ができる雰囲気があった。そのため、参加者は、安定感をもち、相互対人関係を深め、その結果、ＥＧにもどってから、より自発的な姿勢を示した。「創作体験」がＥＧの体験過程のレベルを促進する意味があったと考えられる。

　以上をまとめて、ベーシックＥＧ、構成的ＥＧおよび「創作体験」に見たＥＧ課題グループのそれぞれについて、その特質を比較し、そこから、次頁（表 3）のように「課題」、「役割」、「形態」、「様相」、「構成」の 5 項目をグループ概念の尺度として引き出した。

第2部 創作体験グループ法の発展と理論

(表3) ベーシックEG／構成的EG／EG課題グループの特質の比較

	ベーシックEG	構成的EG	EG課題グループ
課題	課題なし	課題中心	課題中心
役割	ファシリテイター グループの成長・促進	リーダー・教師 グループ体験学習	ファシリテイター 体験学習グループ
形態	パーソンセンタード 参加者自発型	リーダー・教師中心 参加者受動型	パーソンセンタード 参加者自発型
様相	体験のプロセス 体験過程	体験のプロセス	体験のプロセス 体験過程
構成	自由度の高い、 非構成的枠づけ	自由度の比較的低い、 構成的、親和的枠づけ	自由度の比較的高い、 統合的枠づけ

「課題」：ベーシックEGでは、あえて目的や課題を示さないで行うのに対して、構成的EGでは人間関係づくりのように目的や課題を明示・提示して参加者の意識を高める。また、はじめから自殺防止のような目的をもった課題グループでは、相互援助体験グループのようなプロジェクト方式がEGに親和的な一つのあり方であることを確認できた。

「役割」：グループを主導する主体は何かという視点から、ベーシックEGでは、ファシリテイターが専門的な経験からグループのファシリテーションを行う。一方、「構成的EG」では、一般のリーダーや教師が、グループの学習体験を主導する。これは参加しやすく、効率性があるので学校などで普及し、親和性があると考えられる。一方、EG課題グループは、専門性の高い、経験豊かなファシリテーターの主導で、体験学習グループが展開される。その中ではEGと同様に、グループの成長力が引き出されるとともに参加者は学習する自由を体験する。

「形態」：グループのあり方として、リーダー・教師が中心か、それとも参加者が中心かという体制の形態をいう。ベーシックEGでは、参加者の自発性や主体性が中心のパーソンセンタードな在り方である。構成的EGでは、リーダー・教師が主導し、参加者は受動的である。EG課題グループでは、ファシリテーターは参加者の主体性や自発性を引き出すパーソンセンタードのあ

第7章　エンカウンターグループにおける課題（インタレスト）グループのあり方について

り方が問われる。

　「様相」：グループの体験のプロセスの中で、それが参加者の内的経験すなわち体験過程にどれ程とどいているかの体験の様相である。いずれのタイプのグループも「今ここ」での体験のプロセスを重視するが、その深まりの程度は、そこに体験過程の視点があるかないかで判断された。その点で、構成的ＥＧとＰＣＡグループは、いわば水平的な体験のプロセスを重視する視点が優位と思われるのに対し、ベーシックＥＧとＥＧ課題グループは、体験過程の段階的な深まりをもち、いわば垂直的な体験の深まりの様相があると考えられた。ＥＧ課題グループでは、「創作体験」のグループ・セッションと個人のワークがセットになっており、体験のプロセスが体験過程の深まりにつながる変化の様相があって、その点で、「ＰＣＡグループ」と多少の違いが見出された。

　「構成」：心理的安全の枠づけがなされているか否かの工夫である。適度な枠づけと自由度のバランスが構成上あれば、それが、親和的であるかいなかを左右する。構成的ＥＧは、自由度のあるベーシックＥＧよりは、気軽に取り組める点で日本人に親和的であるので、ＥＧ課題グループは、構成的ＥＧのその親和的な部分とベーシックＥＧの自由度の高い部分を折衷・統合した構成で相乗効果を上げた。この点では、「非構成・構成」の２分法の統合を意図した「ＰＣＡグループ」と共通する。

　以上の観点から、グループ概念の尺度を当てて、改めてＥＧ課題グループと「ＰＣＡグループ」の違いを検討してみると、偶々、人数の関係でインタレスト・グループではなく、グループ全体に実施した「創作体験」が、構成的ＥＧや「ＰＣＡグループ」と同じ条件下にもかかわらず、「やらされ感」や「初期不安」が比較的少なかった点から、ＥＧ課題グループは、目的・課題のあるプロジェクト方式のグループには親和的であると云えるのではないだろうか。以上、ＥＧ課題グループは「ＰＣＡグループ」と「課題」のある点では共通しているものの、「役割」、「形態」、「様相」、「構成」の面で多少の違いが認められた。

　しかし、ＥＧ課題グループと「ＰＣＡグループ」はいくつかの点で同じ方

向性をもっていると思われるので、次にその共通点に焦点を当ててみたい。「役割」と「形態」の点で、「ＰＣＡグループ」の場合、教師主導、参加者受動で始まるが、グループの進行にともなって、「凝集性」が見られ、「メンバー主体のセッション」(「お任せセッション」)にいたっては、参加者が主導権を握ってグループをまとめるというようにパーソンセンタードの方向に変化が認められる。学校教育にＥＧを持ち込む時、最初に立ちはだかるのが「強制参加」、「やらされ感」であるという。そこで、参加者の抵抗が大きい。しかし、エクササイズで個人が自己発揮し、最終のオリジナルの出し物の発表のセッションでは、グループが大きく一つにまとまって大満足で終わるという体験のプロセスがある。ここでは、教師も参加者のひとりであるということから、役割の主導権が教師から学生へと移って、グループがパーソンセンタードの方向に成長・変化していく。その点で、「創作体験」が、最後の発表の段階で、発表者が自己発揮できて大いに盛り上がるのと共通している。そこでは、参加者がより主体的であり、楽しく参加していて、「やらされ感」からは程遠い。

　「構成」の点で、「ＰＣＡグループ」とＥＧ課題グループは、ＥＧのいわば「外」と「内」にある違いがある。「ＰＣＡグループ」のように学校という「外」にしかも大がかりにＥＧを定着させる場合は、指示的で自由度が比較的低くなるので、「やらされ感」が大きくなり、親和性においてやや低くなるのではないだろうか。ただし、これはグループの特性ばかりではなく、エクササイズの内容や対象が大学生と一般では反応が多少違うと思われる。「やらされ感」については、重要なファクターとして「初期不安」がある。しかし、「ＰＣＡグループ」の中でも、大変オリジナルな「お任せセッション」は、学生にすべて主導権を渡したという意味で自由度も高く、親和的で、指示的、非指示的を問わない統合的なあり方であり、その意味でパーソンセンタードのあり方をより推進させており、今後のグループのあり方に大変示唆的であろう。

　以上から、「創作体験」は、構成的になされる反面、自由度があり、参加者の自発性を高める方法であった。その点で、「ＰＣＡグループ」や「創作

第7章 エンカウンターグループにおける課題（インタレスト）グループのあり方について

体験」などのEG課題グループの統合的なあり方が、ベーシックEGのいわば「外」からであれ「内」からであれ、様々な形態のEGの統合、止揚、発展に向けて推進する可能性を示唆していると思われる。

結語

EG課題グループとして位置づけられた「物語創作体験」は、パーソンセンタードの枠づけでなされ、一般人を対象にした自殺防止のカウンセリングの目的をもったグループの中で実施された。その比較的自由度の高いゆるやかな枠づけと適度に構成的で親和的な枠づけをもつ課題グループの中で、参加者は自発的に活動し、表現し、そのような体験のプロセスの中で、人と人の「絆」やひいては人と自然とのつながりを実感することができた。これは、「物語創作体験」が、自分らしく生き、人とふれ合うというEG体験の流れの中で、人々がそれぞれの「葉っぱのフレディ」物語りを通して、こころの「絆」を深め命の大切さにも触れて行く一つの体験的触れ合いの場となったことを示していると思う。

[注]
（1）「人間中心」は、C. ロジャースの用語のhumanisticもしくはperson-centeredの訳である。（畠瀬）もともとは、「文化中心」に対する「人間中心」の意味であったが、「ひとり」ではなく集団的に用いられた場合、誤解が生じやすいという。（古賀）「自然対人間」の構図では否定的なイメージだからであろう。「神中心主義」と対比される場合、「人間中心主義」は、「世俗的で、人間のみに関心を向けているようにとれないか、との恐れを抱かせ」るという。（星野）このように、日本語にピッタリする用語が見出されていないため、最近では「人間中心」をそのまま専門用語として使用するか、そのままカタカナでパーソンセンタードと表記されるようになった経緯がある。本稿では、humanistic psychologyを「人間性心理学」と訳すのにあやかり、また、humanisticのことばの意味合いからパーソンセンタードあるいは「人間性中心」と表記する。

（2）ウルフの原作では、灯台の見える避暑地に、ラムジー家をめぐる人物たちが集い、10年の月日を隔てて、ラムジー家の過去と現在の1日の出来事が対比的に綴られている。ウルフが『灯台へ』で描いた第1章「窓」、第2章「時は流れる」、第3章「灯台」は、「過去」、「現在」、「未来」の時間的配列をもつ。そして、それぞれの章が登場人物の「今ここ」での様々な視点から見られたものである。そして、そのうちの第3章は、登場人物の一人でウルフ自身の分身

であるとされている画家のリリーの視点から、過去に実現できなかった灯台行きを「今ここ」で実現しようとする意図が綴られていき、創作を通して象徴的にウルフ自身が家族への思いを満たそうとしている自己心理療法的な意味合いのあるものと考えられる。

参考文献

古賀一公、人間中心の教育と「ひとり学習」、人間中心の教育 No.2、1985、人間中心の教育研究会.

国分康孝、1992、構成的グループ・エンカウンター、誠信書房.

ジェンドリン,E.T.(1998)フォーカシング指向心理療法(上)体験過程を促す聴き方、村瀬孝雄・池見　陽・日笠摩子監訳、池見　陽・日笠摩子・村里忠之訳、金剛出版.

畠瀬稔、「人間中心の教育研究会」について、人間中心の教育 No.1、1984、人間中心の教育研究会.

畠瀬稔、パーソン・センタード・グループ・ファシリテーションにおける小グループと全体（コミュニティ）グループの統合的発展 In 特集：わが国におけるパーソンセンタード・グループアプローチの可能性と課題、人間性心理学研究、2008、27(1・2)、pp.5-7.

星野命、2010、星野命著作集Ⅰ人間性・人格の心理学、北樹出版、p.15.

ロジャーズ、C．R．、1970、エンカウンター・グループ―人間信頼の原点を求めて、畠瀬稔・畠瀬直子訳、1973、創元社、p.7.

ロジャーズ、C．R．，フライバーグ、H．G．，1994、学習する自由・第3版　畠瀬稔、村田進訳、2006、コスモス・ライブラリー、p.114, pp.315-328

南山大学編、1992、人間関係トレーニング、ナカニシヤ出版.

野島一彦、ゲーム・エンカウンター・グループの事例研究、福岡大学人文論叢、1980、pp.1-4.

村田進、2003、創作とカウンセリング、ナカニシヤ出版、pp.51-65.

村山正治、エンカウンターグループにおける「非構成・構成」を統合した「ＰＣＡグループ」の展開―その仮説と理論の明確化のこころみ―、人間性心理学研究、2006、24(1)、p.1-9.

第 7 章　エンカウンターグループにおける課題（インタレスト）グループのあり方について

村山正治、ＰＣＡグループの試みと実践を中心に In 特集：わが国におけるパーソンセンタード・グループアプローチの可能性と課題、人間性心理学研究、2008、27(1・2)、pp.9-10,p.15.
村山正治、ＰＣＡグループの現状と今後の展望、人間性心理学研究、2009、27(1・2)、pp.81-86.

［付記］

本稿は、武庫川臨床教育学論集第 4 号（2010）を加筆・修正したものである。

結論：
深層とリアルと表層——過去・現在・未来——
「灯台へ」第1章・2章・3章

〈基本計画と仮説と結果〉

　創作体験における中心過程の概念をもちいて、次の仮説模式図を資料として、基本計画の目的と方法と定義と仮説について以下のように結果をまとめた。

資料1．内包的模式図：ロジャーズ「クライエント過程のストランズ」（図1）（1954）とジェンドリン「診断・解釈と体験の深まりの相関図」（図2）（1963）からヒントを得て表した「リリーの思いの対象と体験過程の深まりの図」（図3）

資料2．外延的模式図時間と空間と行為の一致を指向する動相：「手がかり」から「手ごたえ」に至る創作の演劇的構成から成る「灯台へ」ストーリーラインの図（図4）

資料3．創作体験の実践から得た「ふっきれる回復・中心過程」の模式図Ⅰ（図5）
　　　創作体験の実践から得た「ふっきれる回復・中心過程」の模式図Ⅱ（図6）

資料4．中心過程の仮説模式図：体験過程における停滞と推進の模式図（図7）および創作体験の実践から導き出した「今ここに生きる成長・中心過程」の概念形成における「内」（思い）と「外」（行為）が呼応・一致・つり合う「自己推進力」（こころをころがせる成長過程）の相関図（図8）

1. 基本計画と結果

　前章で見た、体験過程の中心過程しのぐ・ふっきれる・のりこえる、の展開におけるふっきれる過程の発見は、本論のイニシャル・ケースとしてD男のケースをとり上げて、その根拠とした。その中心過程には、さらに、その中心は、わける・ゆずる・つなぐ、という中核的な過程概念があることを先行研究（2014，2015）において見出した。このときのイニシャル・ケースとしては、B男のケースをとりあげてその根拠としたが、これは、2つの拙論である博士論文（2001）から修士論文（1997）にさかのぼる軌跡であった。このウロボロス的展開のさらなる発展として見出されたのが、本論序章で見たふっきれる中心過程のさらなる中核概念である「ゆずる」過程から発展した行為（すじ）の展開である。これは、研究過程で試行した創作体験の結果の一つとして、ここ20年来取り組んできたIさんが発表した「灯台へ」創作体験の「作品と感想」（2016）が根拠となった。この事例は、まさに、筆者が長年模索してきた、オリジナル「灯台へ」創作体験の意味と意義を体験的に物語っていた。すなわち、Iさんの取り組みは、「ふっきれる」回復・中心過程から「今ここに生きる」成長・中心過程を含み、内（自律）から外（自立）へのストーリーラインが過去・現在・未来にまたがって引かれていたのである。「灯台へ」のプロットに底流する、「雨」のテーマは、Iさんの詩に見られるテーマになり、それが、「雲」やヘッセの「霧」のテーマにつながっていくIさんのストーリーラインをつくり、それが、想定される未来の「晴れ」や「灯台行き」の「行為」につながる希望と感動を与えるのである。

　それはまた、本研究の現在と過去の定点観測的なコフォート式の創作体験の解析、すなわち、本論で見た、Iさんのペガサス・メディテーション(1995)と最新の「灯台へ」創作体験の比較・検討から浮かび上がってくる。これを、先のふっきれる回復・中心過程のさらなる次のステップとして、さらに「今ここに生きる」成長・中心過程につながってくる。この概念は、体験過程の「内」と体験のプロセスである「外」が、創作体験によって表出され、統合されていく過程が、本論の仮説に挙げた、引っ張られるように軌を一にして、行為（すじ）として物語に発展・展開してゆくストーリーライン（ディルタイ）

結論：深層とリアルと表層—過去・現在・未来—

を形成してゆくエピソードを示している。これが、仮説を支持するエビデンスともいえるケース研究になったことは、原点に戻って、オリジナル「灯台へ」創作体験に発して、○△□創作体験やペガサス・メディテーションなどを経て、再び「灯台」に戻ってきた研究のウロボロス的円環ともさらなる発展ともいえる。Ｉさんのケースは、まさに、初めての創作体験に「遭遇」（□）し、主体的に参加し、様々な角度から自己を見直す作業（○）を続けながら「体験過程を深め、体験のプロセスを「ストーリーライン」（すじ）として綴る中で、行為に表す」（△）ことによって、新たな「出会い」（□）に恵まれて心理的成長を果たすプロセスが、次の新たなステージの展開の可能性を「予言」するような、螺旋的な深まりと、それが行為につながる自己推進的な感情のプロセスが自己の中で一体的に起こって、自由闊達な自己一致に向かう道筋が開かれてきた。それが、Ｉさんの創作体験の中心過程であり、心理的成長の軌跡であり、それを本研究において、コフォート的手法によって裏付けることを試行した。そして、方法論としては、ジェンドリンがディルタイ哲学からも学び、そこから得た象徴化の考えを、ロジャーズのもとで心理臨床の中に見出したルーツに遡る試行でもあった。それが、「ハンドル」（ディルタイ）とハンドル語（ジェンドリン）を「手がかり」として始めた拙論の仮説であったが、それを本論から支持するいくつかの材料を創作体験が提供して、研究をもう一歩進めることができた。Ｊ氏が取り組んだＫ式「灯台へ」創作体験法は、旧来の枠付の様式を木村（2005）のウルフの原書に忠実な提言に基づいて、主に３つの点で改訂したものであった。一つは、三角形が元々ラムジー夫人を指していること、二つ目は、第３章はじめの「何かが間違っている」というセリフを消去したこと、三つ目は、最後の息子ジェームズいそいそと灯台に向かいその後を父親ラムジー氏や姉キャムが追いかけるを、父親が先頭に立ち、ジェームズらがその後を追いかけるというように修正された。この様式で実行した結果、Ｊ氏は、母親に焦点化した作品をつくり、実像をリアルに描いた。つまり家族をよりストレートに描いた。他の機会に実施したこの新「灯台へ」（枠付）創作体験法（補遺）のＩさんの印象は、最後の息子が父親を追う方がスムーズであったことや、全体としても書きやすかったという印象であった。ただし、Ｉさんの今回の作品は、2003年版を使用して

いたので、新たな版（2011年以降）の作品と比較してみることも、今後の課題となるであろう。その「手ごたえ」から、さらに事例を重ねて研究を進めたい。

２．仮説と結果

三つの仮説の検証

（１）仮説１の例証：ストーリーラインの形成─「機微」（わける過程）にふれる

　Ｉさんの感想にあるように、Ｉさんの創作体験は、他人事のように自分を見直したい気持ちにかられて気軽に書き始めた創作動機であったが、やがて人々の中で自らの孤独を見出し、それと葛藤しつつも、自己の中の機微にふれながら書きながらにその意味に気づいていく行為があった。また、それが次の小グループ経験に反映するＩさんの行為をもたらした。さらに、その後の人生においても、創作したＩさんの「雨」の詩は、ヘルマン・ヘッセの「霧」の詩と交響（共鳴）する出会いをもたらした。かくて、詩作で表現した内容は、日常生活の場面に持ち越され、ストーリーラインとして引き継がれ、個人が「今ここに生きる」在り方すなわち、中心過程であったことを示唆した。Ｉさんの、創作体験がその後の出来事を「予言」していたという言葉は、創作体験によって、人生の「機微」に触れ、自己が新たに意味づけられる「手がかり」が得られ、それが、行為の連鎖を呼んで、新たな「ストーリーライン」を創出するきっかけとなったことを示しているのである。これは、「今ここ」を起点として未来を指向する行為を、一筋に伸びるベクトルと考えれば、資料１「灯台へ」におけるベクトル図と重なる構図となり、「時間」、「空間」、「行為」の一致を指向する演劇的な「すじ」（ストーリーライン）の図式となることを立証するものである。

結論：深層とリアルと表層—過去・現在・未来—

〈Jさんのケース〉

同様に、Jさんのケースにおいても、家族の姿が、1作のプロット通りの抽象的なものから、2作では、「むしろ紫の三角形はいらないかもしれない」に見ることができるように、抽象を去り、目には見えないが人々の心に焼き付いている「まごころ」をありのままの形で表現したいとするJ氏の気持ちを示している。この時を置いて行為の変化を見ることができたのは、創作後のある種の「手ごたえ」から、行為へと発展するストーリーラインの形成を想定させるものである。また、2作目の創作後に残した隠し絵は、ストーリー中の虚構のエピソードが創作者の行為になった「象徴化」から「体験化」への変化を証明するエピソードであると考えられるであろう。（資料2）

(2) 仮説2の例証：ふっきれる回復中心過程—ゆずる「機序」にふれる

創作体験の中心過程として取り上げた詩作は、雨に寄せて創作者がフェルトセンスを綴った詩である。この「時の流れのエチュード」は、「すべてを濡らす」雨に寄せてジェームズと灯台をつなぎ、二つの大戦のはざまとその間に逝ったラムジー夫人と朽ちた別荘を濡らし、「歴史を濡らし」とあるように、時を超えて人々を濡らし、未来を照らしてゆく。この個人的な内包的な分化「わける」の過程は、ふっきれて新たな段階へ「ゆずる」プロセスとなって、第3章のリリーの気づきに続く。これが最後のリリーの未だ言葉にはならない「手ごたえ」を得る。この一連の流れが、「わける」から「ゆずる」に至り、未来に「つなぐ」ストーリーラインの中心過程であった。その後のIさんの手紙にある「自分なりの創作体験後の一連の取り組み」は、「わからない」というメンバーからの反応を得て、最初は戸惑いながらも他者を理解しようとして、自己概念が少しずつ柔軟に変わっていくプロセスであった。

このストーリーラインの中心過程は、詩作の段階における個人的な内なる分化の過程を経て、個から普遍へとふっきれる中心過程があった。そこを経たのちに、第3章では、家族間の葛藤が表現・表出するものの、ネガティブからポジティブにふっきれてゆく回復過程があった。ここから、リリーの「こりゃ、バラバラなはずだわ」の気づきにつながるふっきれる回復過程の兆し

があり、体験過程が次々に推進してゆくプロセスの中に創作体験の心理治療的な仕組みを見出すことができた。そして、最後の場面の言葉にはならない感慨とも諦観とも満足感とも受け取れるある手ごたえを実感する場面をもたらしたと解釈したい。この第3章における心理的な変化は、詩作と創作を通じての創作者の心理的な変化を映し出し、ネガからポジへ、暗在が明在化してゆく様を浮き彫りにして、行為（すじ）が展開する内から外への中心過程の変遷を特徴づけるプロセスであると考える。そして、ここに創作体験のストーリー性や独創性や人間性の反映があり、体験過程心理療法的な発展があると見て取れる。これが創作体験の中心過程の「機序」である。これが、過去から日常生活にもつながって、Ｉさんの「今ここに生きる」姿に見られるストーリーラインの展開があり、仮説模式図に集約されるような心理的成長に向かうのである。

　このストーリーラインと中心過程「わける・ゆずる・つなぐ」の関連については、Ｉさんの創作作品とその後の行為（すじ）の変化に見られるように、「空白」の「手がかり」たる前概念的な意味やことばの「機微」（わける）に触れ、過去から現在、そして未来に「ゆずる」各ステージに展開する「機序」があり、創作詩「雨」とヘッセの詩「霧の中」が共鳴したＩさんの創作体験ならではのストーリーラインに見られたような展開、すなわち、「機縁」（つなぐ）を得て広がって行った。この流れは、ウルフの原作の「リリーの思いの対象と体験の深まり」の図に見た、螺旋的な求心的な弧を描く曲線を思い出させる。同時に、それは、「灯台へ」の題名が象徴するような未来志向のまっすぐなストーリーラインとして、「今ここに」実現し、展開する推進と中心過程の図を彷彿とさせる。ここに第2の仮説が裏付けられたと考える。

（3）仮説3の例証：今ここに生きる成長中心過程―「機縁」（つなぐ過程）にふれる

　創作体験後、Ｉさんは、直後のＥＧ小グループでおそらくリリーの立場から得た気づきである「自分の中の他者」について語ったところ、メンバーから「わからない」という率直な反応を得て、「そこまで言わなくても」とショッ

結論：深層とリアルと表層——過去・現在・未来——

クを覚える経験であったが、それが以後の探索過程につながりヘッセの詩「霧の中」の詩との出会いを経験する。そして、その出会いの機縁から見出した新たな意味が個人的な概念を超えた、孤独が雨や霧のように人間固有の自然な在り方として映る意味の「平等性」という概念にたどり着いたのである。基よりそれは、他者とのかかわりを機縁として個人的な意味から普遍的なレベルへと意味が象徴化ないし概念化して行く過程で、Ｉさんが自分らしさ・人間らしさに気づいてゆく自己探求の深まりであった。さらに言うならば、それは、「今ここに生きる」他者と平等の「個」としての在り方を、「平等性」ということばに見出したＩさんが辿る新たな「予言」（ストーリーライン）を表す「再構成化」の道筋であると思う。

〈M子のカナリア物語より〉

この創作童話は、西条八十の作詩と成田為三の作曲による「歌を忘れたカナリア」のメロディ・ラインが全編に流れるような枠付の創作者オリジナルのつくる創作体験である。研修終了時のいわば卒業制作のような形で残されたものであるが、ペガサス・メディテーションの自立のテーマが童話の形式で象徴的に述べられている点で、その続編と考えられる。そこには、独特な音調と感情があり、読者を引き付けるような作品としてつくられている。自主的に提出したことにも、ペガサス・メディテーションの回復・中心過程から由来し、創作者の内面の深化と行為につながる、今ここに生きる成長・中心過程を跡づけることができた。すなわち、仮説２から仮説３につながる、回復・中心過程から成長・中心過程へと定点と定点を結ぶ推進の線を見ることができた。そして、この延長線上に、行為とつながる外延のストーリーラインが構成されているのである。

また、ここから、「内」と「外」の引き合う・つり合う関係は、先に挙げた、思惑とは違う引っ張る力（ディルタイ）と「自己推進力」（ジェンドリン）を裏付けるものであることを、次のように提起したい。資料４の図を、やや斜めに傾けでストーリーラインの図（資料２）と重ねモンタージュ（合成）すると、中心過程において、求心的（垂直的）な「内」（螺旋形の推進図１）の力と外延的（水平的）な「外」（伸びるストーリーラインの図２）の力が拮抗し、

185

引っ張り合う応答的な図にならないだろうか。これが、ジェンドリンのいう、そこに注意を向ければ引っ張るような力が働く「自己推進力」の図と考えた。

ただし、以上の時間のベクトルの傾きは、「灯台へ」の時間と空間のベクトルのモンタージュから生まれるストーリーラインにおいては、第1章リリーがある1日の午前中に画架を立てて絵を描く時間と場面の定点は、第2章10年の時の流れに比較すると、ほぼ点の巾に等しい。しかし、この物語では、人々の意識の流れが優先するので、時間観念が逆転するのである。1日の半時の方が、10年の経過よりも長く綴られている。同様に、第3章午後に、同じ場所（定点）からラムジー家を観察する定点観測的な位置から、その物理的な時間は第1章とほぼ同じ長さである。それは、灯台に向かうボートが灯台に着く時間の巾に該当するので、半日程度の物理的な時間（クロノス）（注1）の長さである。その意味で、図2における時間の経過を示すベクトルの傾斜は、人々の心が傾斜していた灯台行きの質的な時間（カイロス）を表す。

一方、体験過程の時間は、体内時計の概念に似た、固有の時間が想定され、D男のケースに見られたような、風景構成画の中心に川の流れを描き、おもむろにその両岸に症状のような赤い小石をゆっくりとスローモーションのような速度で敷き詰めて行って、川（体験過程）の流れを堰き止めようとしていた儀式的な所作に見られる。それは、人智を超えた神秘的・超越的な時間（アイオーン）と思われる。これは、心理治療的な時間とも考えられる。このこれまで回避していた時間の流れを堰き止めようとして、様々な症状や病理を生む、無駄な抵抗を続けながらも、一方で、それは、はからずも体験過程に徐々に直面する体験様式であり、そのゆっくりとした時間の経過を受け止めようとしている図に他ならない。この体験過程の固有の時間は、個人の意思とは無関係に進捗し、締め切りを知らず、時には滞り、時には推進して、やがて、時の鎌が固有の命の生と死を裁断するまで続くのである。ここから、中心過程と推進の合成図は、資料4のような、体験過程に固有な時間として、物理的時間や質的時間を含まない体験過程推進の図が妥当と考えられる。一方、対照的に、「灯台へ」のストーリーラインの図は、10年の時の経過（物理的時間）や1章と3章に置かれた半時の時間の人々の願いを込めた意識の流れの時間（質的時間）を斟酌した「物語」の時間としてベクトル図で表さ

れたものである。しかし、この「ストーリーラインの図」を「中心過程と体験過程推進の図」と重ね合わせると、「内」の体験過程が「外」の体験のプロセス（行為）と呼応してつながり、軌を一にしていることがわかるのである。したがって、両図は、内の「体験過程」と外の「体験のプロセス」が、内の分化の方向性と外の般化の方向性で綱引きをしながら、体験が深まり、広がるような引き合い・つりあいの相互作用をして「自己推進力」を発揮していることを裏付けていると考える。

　以上、冒頭に挙げた仮説の検証は、3つの段階で成立した。すなわち、（1）創作体験のセッション、（2）パーソンセンタードのグループ・セッション、（3）そのエンカウンター・グループ以降の段階においてそれぞれ中心過程があったことがわかる。その際、それぞれの段階で他者との相互関係から、「再構成化」が進み、段階間をつなぎながら中心過程を推進していくプロセスがあった。そこで、①から③の仮説的模式図は、事例によって裏付けられ、資料4の図8は、創作体験における「中心過程の推進の図」が「ストーリーライン」の図に重なるとともに、「内」の体験過程が、「外」の体験のプロセスと軌を一にする追試可能な合成図として例証した。

〈総合考察〉

　Ｉさんの回復・中心過程から成長中心過程に至る推進は、創作体験が掌（つかさど）った。

　そのプロセスは、20年来の創作体験へのコミットメント（責任ある関与）からすでに、萌芽していたが、「そろそろまとめる時期がきましたね。」というエンカウンターグループの幕間で話したことにうかがわれるように、彼の中で熟成されてきた観念があったものと思われた。その発言通り、その時の課題・関心別セッションで行われた創作体験の作品と感想を、起点として、本論が始まった経緯があった。

　それとほぼ同時に、筆者の頭には、前書『体験過程心理療法』で導いた、中心過程と推進の合成図を事例によって示して裏付けたいという観念があり、このＩさんの事例が一つの裏付けとなった。この事例により、本論の文脈が

ほぼカヴァーされると同時に、その枠付の「灯台へ」の原作ウルフ『灯台へ』の構造も明確になる。先ず、Ｉさんの創作体験と創作作品とその前後は、回復・中心過程と成長・中心過程が相まって、一筋の線で連なるように構成されていたことが判明した。これは、回復過程が成長過程を指向してストーリー・ラインを引いていることが立証されたということである。それと同時に、成長・中心過程は、その延長線上にもその「すじ」を構成し、行為でその体験的一歩を踏み出す様相を呈した。Ｉさんが、「予言」という言葉で表したものはそれであった。そして、それを図でしたのが「中心過程と推進の合成図」であった。しかし、この図は、回復と成長・中心過程が一筋に結ばれていることを示すものであったが、それから先を指し示すには、もう一つのストーリー・ラインの図が必要であった。それが、「灯台へ」ベクトル図である。これは、人々の灯台行きを時間の経過と空間移動のベクトルで表し、モンタージュ（合成）によって構成した図である。未来の時制を含むので実線ではなく、ベクトルで示されたものであるが、この図は、中心過程と推進の合成図と重なる一方、灯台行きの「行為」に裏付けられ、その外側に伸びるストーリーラインを構成する未来構成図とも考えられる。すなわち、この図は、ラムジー夫人の過去がラムジー家の灯台（光の館）行きが実現した今ここの時間によって、未来に伸びるストーリーラインを構成する３次元が、リリーの描くカンバスの中心に一筋の線で完成した、過去・現在・未来を含む三角形に象徴化したウルフのとらえたヴィジョン（vision）であった。その意味で、それは、そもそも彼女の意識の流れの産物であるとともに、リリーの半日の10年越しの観察により切り取られた人々の意識の流れの１コマを、定点観測的な意識の流れの写実により切り取って比較して見せることにより完成した図であった。このことから、この中心の三角形は、虚構の産物ではあるが、本論の文脈に照らせば、創作体験の中で起こった回復と成長の中心過程を、コフォート式に体験過程と行為の関係から結び、そこから伸びたすじをストーリーラインとして、体験過程心理療法の見方から解釈したものである。

結論:深層とリアルと表層—過去・現在・未来—

〈方法論と結果〉

　実は、本論の方法論として取り上げたコフォート式は、『灯台へ』の登場人物リリーが画架の前で啓示（ヴィジョン）を待つ中で、人々が編み出す意識の流れを綴ったものであるが、このウルフの10年の歳月を挟む1日の午後と10年越しの1日の午前を切り取って比較する方法を、本論の方法論にも取り入れて実地に行ったものであった。すなわち、Ｉさんのペガサス・メディテーションと「灯台へ」創作体験の比較検討、Ｊ氏のＫ式改訂版による2回の「灯台へ」創作体験の8か月間を挟んでの比較検討、および、Ｍさんのペガサス・メディテーションと自主的につくって提出した「歌を忘れたカナリアの童話」の比較検討が、その時々の体験過程を、リアルに映し出す手法として、創作作品や感想などの記述や記録などを資料として用いた方法である。その結果、それぞれの切り口が示す時間は、その時々の創作者の創作という表現・表出の体験過程のレベルの分化の過程が映し出されて、体験的一歩を踏み出すまでの創作者の体験のプロセスが回復・成長レベルの中心過程に析出できたことが成果の一つに挙げられるであろう。Ｉさん、Ｊ氏、Ｍ子の創作作品として挙げた事例は、創作体験が主体的な創作体験の取り組みのきっかけになったという点で共通する。これは、心理的回復と成長の「間」（ま）において、心理的変化が生じ、それぞれが「主体発揮」(serf-initiative)（Rogers、畠瀬）へと心理的成長を遂げた一つの証であろう。先行研究のイニシャルケースＢ男の壺イメージとカウンセリングと行動の変化と評価の図（図9）は、回復と成長過程をつなぐ中心過程の「内（包）」と「外（延）」のプロセスをつなぐ中心過程：「中」の構図（資料5－図10）が明らかにされた。「空の壺」の「間」に現象したのは、中心過程の有機的プロセス（わける・ゆずる・つなぐ）（図6）であった。この図から、Ｉさんが創作体験で経験したのは、成長過程へとつなぐ回復から成長への「間」における創作体験の中心過程であったと云えるであろう。Ｂ男における「空の壺」に置いた中学・高校と現在の予備校までの軌跡を綴って自主的に持参したメモ書きが象徴するこれまでのこだわりやわだかまりやゆがめられた自己概念の残像であった。これらのものを壺の中の壺すなわち焦点化のプロセスの中で、種別けし、選別し、

離別する（わける・ゆずる・つなぐ）という中心過程を経て、B男は、ふっきれてゆく。同時に、旋盤のアルバイトを始めるという行為に移る成長過程への「推進」があった。ここから考えると、図の真ん中に示された4から5段階へのプロセスの空白は、「空の壺」が象徴する中心過程であり、自主的なメモ書きが象徴する創作体験であった。それは、D男における風景構成図の中心にゆっくりと（自分の時間を取り戻す中で）描いた大きな川の流れの両岸に赤い小石をびっしりと敷き詰めた中心過程に相当するであろう。それは、避けていた川の流れ（体験過程）におそるおそる触れるしぐさを象徴し、それを表現できたことが、次の学校復帰までの行為につながる意味がある創作体験であった。本論における、J氏の「まごころ」の家族絵創作やM子の解放され声を取り戻したカナリアの童話創作も然りである。I さんの創作体験では、手がかりと手ごたえのリファレント：照合体（「何とはなし」）へ意識を向けるのは、「そこに関心を向ければ応答する」引っ張る力の存在、すなわち、有機程プロセスにゆだねてゆくフォーカシングではなかったかと思うのである。そして、そこから伸びるストーリーラインが、今ここに生きるシナリオとなる行為に裏付けられた人生の「すじがき」であった。本論で明らかになったことの一つに、創作体験後、I さんが、エンカウンター・グループの流れの中で、自己開示して、他者の反応に照らして、自己を再構成化し、グループ後も孤独のテーマをきわめて、ヘッセの詩と出会い、個の個たる存在論的な気づきに至るプロセスがあったことに見られる、創作体験の手ごたえ（ハンドル）を得た後の一連の行為の体験的歩みである。この行為は、今ここに生きる成長・中心過程のモデルとして考えられる気づきの高次のプロセス（悟り）と評価したい。そして、この「内」から「外」の推進の体験のプロセスこそ、回復過程の中心過程（わける・ゆずる・つなぐ）が成長過程にみられた機能的なプロセス（機微・機序・機縁）となって行為に反映すると考え、この「内」と「外」の関係こそ、体験過程の「自己推進力」に拮抗する力、すなわち、体験のプロセスに引き継がれる機能的な在り方として、「引き合い・つり合う力」に相当する作用であると定義したい。そして、それが、個人の自己指示・自己発揮に関わる潜在力であり、回復・成長力であると結論づけたい。

結論：深層とリアルと表層―過去・現在・未来―

〈結論と研究の新たな見通し〉

　本研究のウロボロス的構造について、結論として人間有機体（個）における深層・リアル・表層の中心過程と「内・外」の呼応（引き合い）から見直し、本研究をまとめたい。
　本研究は、研究のテーマに則って、次の3つの研究項目を取り上げた。

（1）象徴化・中心過程・ストーリーライン

　これは、（〇△□）に対応する構成である。この画そのものが仙崖の水墨画ということもあり、日本の臨床心理学を代表する心理療法の開発者たちの名が思い浮かぶ。先ず、田嶌誠一「壺イメージ療法」である。〇は、あらゆるものを受け入れる空の「象徴化」と（わける）に対応する中心過程をとらえて心理療法の俎上にのせる大器であるとともに、「個」の内に焦点化するきわめて日本的な枠付を提供する。灯台へ創作体験の第1章は、書きことを通しての表現・表出の受け皿としての「壺」の役目をもつとともに、乗り物イメージとして挙げたペガサス・メディテーションと同様に、個人の深層を内に写し、かつまた、外の表層とも引き合う関係にある。
　次に、三角（△）は、文字通り、三角形イメージ療法を開発した藤原に理論的リソースをもつ。それは、体験の中心過程（ゆずる）を構成する。行動療法の不安の軽減法を、三角形イメージにより表現・表出させて行動の変容を期したものであるが、内から外へ体験過程を表現し、不安を軽減するふっきれる中心過程を構成する。「灯台へ」第2章も時の流れに託してふっきれる中心過程を創作詩によって実現しようとするものである。〇△□画創作体験も、象徴的に流動的な過程概念を表し、個において、内と外をつなぎ、それらのつり合いや引き合う関係を保つ意味とはたらきを「やじろべい」のように中心にもつ。
　さらに、四角（□）は、中井久夫の風景構成法のような堅個な枠付の構成を持つ。創作体験のストーリーラインもそのような枠付と安全弁の働きを持つ。外の世界に（つなぐ）意味と機能を持つ。「灯台へ」創作体験の第3章

は、人々が行為で思いを実現するナラティブのこれまでの物語（ドミナント・ストーリー）から新たな物語（オールタナティブ・ストーリー）のすじ、の展開を可能にする。葉っぱのフレディ創作物語りや詩作・描画が行為（すじ）に表れる様相を可能にする。

注1．クロノス、カイロス、アイオーンの時間の概念は、古代ギリシャの時代に存在したと思われている、それぞれ物理的・質的・永遠的時間の概念である。

〈まとめ〉

「内」と「外」と「中」の構図は、本論から導かれた創作体験の構造を示すものである。体験と概念の論理学的構造である「内」すなわち内包と「外」すなわち外延のプロセスは、同時進行する過程概念として体験過程の中心に見出され、それを中心過程「中」と定義した。この中心過程は、創作体験の真髄である表現・表出の段階（段階4）を軸に、前後の変化の動相を「しのぐ」から「ふっきれる」回復・中心過程（段階3～4）とみなし、「ふっきれる」から「のりこえる」までの動相を成長・中心過程（段階4～5）とみなして、様々な事例から具体的に検証した。その結果、創作体験により、「内」と「外」は、中心過程においてお互いに作用することがわかった。創作体験の枠付によって、何らかの手がかりを得た創作者は、すじの展開とともに、何らかの手ごたえを得て体験的一歩や推進の回復・中心過程をくぐりぬけると、今度は、人とかかわるなどの行為へとストーリー・ラインを引き、今ここに生きる成長・中心過程を指向するのである。イニシャル・ケースとして見たD男のケースでは、カウンセリングによって、自己を受け入れていく過程の中で、「内」なる体験過程が推進し、それとほぼ同時に症状が改善してゆく回復過程があり、同時に、徐々に周囲とかかわってゆくとともに、不登校から「外」の学校につながり、再登校し、「今ここに生きる」成長・中心過程があった。ここでは、学校「外」から相談室「内」に引きこもるプロセスと、相談室で自己の「内」を見つめ、受け入れてゆく中心過程「中」があると同時に、症状が直って、部活動など「外」とかかわる行為に発展して学校復帰するまで

結論：深層とリアルと表層—過去・現在・未来—

の「内」→「中」→「外」の変化のプロセスがあった。それは、○△□図とどこか似ていて、カウンセリングプロセスがこの書に表現されているのではないかという驚きとともに納得のいく腑に落ちる結果であった。これは、一言でいえば、自己概念が有機体経験に一致してゆくカウンセリングのプロセスであった。本論で見た他のケースも同様な経過をたどった。つくる創作体験が、そのような感情レベルの体験過程を促進し、行為のレベルの体験のプロセスを「つかさど（掌）る」（ハンドル）一つの方法であることを述べた。

しかしながら、基本計画で仮定した○、△、□が、それぞれ深層、リアル、表層に対応するのか実証できたかどうかは、疑わしい。何故なら、実地の段階で、その象徴が個人の親和性や回復と成長の段階の見極めや応用の妥当性を測るうえでの目安や指標となるかは、一概に言えないと思うからである。この仮説の論拠となったのは、D男のケースにおいて、壺イメージが初期不安をもたらしたために、その後、風景構成法を中心過程に据えて、クライアントが体験過程を受け入れて行ったことがヒントになり、組み合わせ法の妥当性が考えられ、折衷的な○△□法が考案されたことであった。この方法は、深層、リアル、表層といった、体験が言葉になってゆく際の概念化や象徴化において前概念と意味の関係を相互作用から明らかにする３つの位相として考えられたからであった。この仮定は、過去、現在、未来という時間の位相を反映しやすいことが事例から裏付けられたものの、○が過去、△が現在、□が未来と言い切ることはできない、すなわち、逆もまた真なりという立証はできないのである。中井は、阪神大震災の前だったと思うが、神戸大における講演会で、風景構成法に面接ごとに実施された女性の内面の３つの相に注目していた。一つの相のみを切り取ることは、むしろ不可能で、実際には、様々な相の内容が、その時々の臨床場面に表現されて当然といえるであろう。ここから、どこに焦点化するかは、カウンセラーの臨床のセンスにかかわることで、どのような方法をとるか、どの心理的ツールを使うかは、経験と勘に左右される問題であろう。しかしながら、○、△、□が、人間の内と外を、中心過程がとりもつ構成要素と考えるときには、その図がぴったりとあてはまる表徴となる。すなわち、そこに体験過程と人間中心（パーソンセンタード）の考え方が、介在する時に、にわかにその意味が際立ってくる

のである。それは、体験過程の断層的な厚い構造の変化の位相を表す符牒にほかならず、本論の文脈から言えば、人間中心の視点を据えれば見えてくる、感情レベルの中心過程の位相が、行為のレベルの中心過程の位相とつながる人間有機体の姿である。そして、中心のスペースに三角形を描く「灯台へ」を枠付とする創作体験法は、リリーの見方から、内から外へのストーリーラインが引かれて、時制が物語に反映され、過去が第1章に反映され、第2章は「間を置く」場面となり、第3章は、現実の体験過程の深まりと推進があきらかにされてくる創作者ウルフ自身の心理的回復と成長の中心過程を表徴するものであった。Ｉさんのケースは、実際の対人関係にその手ごたえが反映し、行為につながるそのような心理的成長の中心過程を明確にしたものであった。これは、創作体験のフォーカシングとシフトという心理療法的な意味を明らかにする結果であった。すなわち、書くことに特徴的なストーリラインの形成の中で行為とすじの展開を示唆する方向性をもつとともに、今ここ生きる、内から外への体験過程の推進が見られたのである。また、これは、過去の現象や今ここの現象にとどまらない、未来の時制を予測するような超現実を含む取り組みとしても可能性を秘めていると云えよう。これが、これまでの心理療法とは違う創作体験ならではの特徴と云えるであろう。ここから創作体験法は、新たな書くこと（創作）を主眼とした臨床心理学的な方法論と技法として、さらに人口に膾炙してゆくことを期したい。

エピローグ
在りし日の有馬研修会における畠瀬 稔先生

　畠瀬先生が亡くなられて早いもので１年半近くになる。いつも思い出しているので、そんなに早く感じないのである。本書のしめくくりに、在りし日の思い出として語った追悼文に今の気持ちを照合し、改めて衷心のことばとしたい。

　先生を思い出すとき先ず思い浮かぶのが「真実」という言葉である。先生の透明さは、いつどこでもどこをとっても変わらないものであった。それは、大空に垣間見える名月のように、いつもと変わらないありのままの姿で現われている。雲がかかって見えなくなる時は、私の方に曇りがあるからで、それにもかかわらず先生は泰然としてそこにおられるのである。
　３０年ほど前に有馬研修会で初めてお目にかかった折も、亡くなられた今も、この印象はあまり変わっていない。これは、先生のお人柄が自ずと光を発しているからだと思われる。先生は今も厳然として私の中にある。どのようにあるかといえば、私にとっては、真実の人としてある。雲がかかっているときは自分が真実からほど遠くなっているという目安である。これは、先生が私のリファレント（照合体）の中にあるという意味である。そして、日がたつにつれ追悼の思いは薄れることなく、私の中心からあふれてくるようなものであるので、この思いをそのまま綴ることが、私の創作体験にならないだろうかと思った。
　先生の真実性は、時として立ちはだかるような毅然とした態勢で現れることがあった。一つのエピソードである。グループの場面で、ある参加者がある別の参加者に感情的と思われる言辞を浴びせたとき、先生は、毅然として、その態度はファシズムと変わらないと、批判をもろに受けた参加者の方を庇ったことがあった。そのとき私はファシリティターとして仲裁する側に回った

つもりであったが、そのような生半可は、先生にはその場を取り繕っているようにしか見えなかったのであろう。先生の率直生・真実性は、透徹したものであった。感情的な批判をじっと受けられた当事者の方は、むしろ相手を気遣いながらしかもグループの流れを心配して、理不尽な攻撃を受けているとは感じさせないで、とまどいながらもむしろ相手を尊重しようとする真に包容力のある洞察的な接し方であったと印象に残っている。そして、感情を表出した方は、グループ後、反省もされて冷静になり、その後お目にかかることはなかったものの、数年間年賀状をやり取りして平穏な近況をお聞きした。

　しかしながら、これには後日談があった。グループの後、しばらく経って先生から一通の通知簿ともいうべき手紙をもらったのである。先生は、簡潔に私のことについて書かれ、その中にグループでのファシリテーションの在り方や責任について触れられていたのであった。その時は、手紙の内容に大分ショックを受け、私は、自信を失いかけたが、それでも自問自答しながら私らしく、スタッフの一人としてコミットしようと葛藤し、先生は、結果的に私を容認された、と思う。

　その後、その時のファシリティター養成グループの参加者の一人がファシリテーションの在り方について論文を書かれた（山内、2012）後から読ませてもらうと、その場面が鮮やかに浮き彫りになった。そして、一人の参加者の目から見て、二人（畠瀬、村田）のファシリテーションの仕方が、大切な学習経験となったと書かれてあり、それが私には一筋の光明になった。体験過程は、その場ではわからないというジェンドリンの考えがあるが、後からでないとなかなか気づかないグループの有機的な展開も、こうして再び記述されたものを見ると、グループ全体の流れやそのセッションの中心過程、すなわち、グループが凝集していき、信頼できる場になってゆく体験のプロセスがあった。そして、その中心に先生の透徹した真実性と今ここに自己一致した人間性があった。そのおかげで参加者一人一人の尊厳が守られ、その場の危機を救ったことが、先生のファシリテーションから浮かび上がってくるのである。

　今書きながらにその時のことが思い出され、先生からいただいた一通の手

紙は、先生の自己規律に照らしたものであり、グループへのコミットメントの仕方や思いやりなど、その時のグループの切羽詰まった状況を舵取りしきれないでいた私にとって、かけがえのない教えとなった。その忠告は、私にとって唯一無二の、真にヒューマニスティックな生き方の指針であったことが今ここに偲ばれるのである。

自分の中に潜めていたエピソードを振り返って物語った今、私は長い間自分の中でもやもやしていたものが少しすっきりして、武庫川の大学院からの帰途、乗り合わせた電車の中で、先生が指さされて見た曇りのない車窓に映し出された満月を昨日のことのように思い出している。合掌

〈参考文献〉

ジェンドリン、E．U．(1966)，人格変化の一理論、体験過程と心理療法、村瀬孝雄訳、第1章第3節、東京、牧書店、pp.39-157. Gendlin, E.U., 1964, A Theory of Personality Change, Experiencing and Psychotherapy. In Philip Worchel and Donn Byrne (Eds.), New York: John Wiley, 1964,PP.100-148.

木村　易(2005)書評：村田　進『創作とカウンセリング』、『人間性心理学研究』、23(1) pp.69-72.

人間中心の教育研究会大阪事務局、ＫＮＣ関西人間関係研究会、2015、在りし日の有馬研修会における畠瀬稔先生、記念文集　私と畠瀬稔(所収)、遊文社、pp.69-72.

ロジャーズ、R．、フライバーグ、H，J．、『学習する自由・第3版』(畠瀬稔、村田進訳) (2006) コスモス・ライブラリー．

山内常博、2012、有馬研修と私—ファシリティター研修への参加経験、人間中心の教育—パーソンセンタード・アプローチによる教育の再生をめざして（畠瀬稔、水野行範、塚本久夫編著）第2部、6章、pp.214-217、コスモス・ライブラリー．

資料編

資料Ⅰ. 過程概念の構成図と力動的関係図

（1）（資料1）

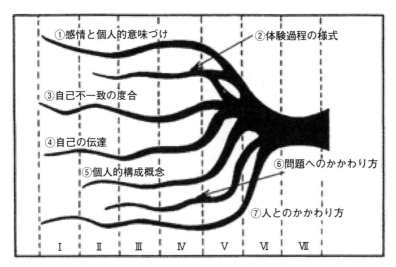

図1. ロジャーズ「クライエント過程のストランズ」(1954)
出典："クライエント過程のストランズ"〈図〉、
『心身一如のニュー・カウンセリング』
（伊東博、誠信書房、1999)、第2章、p.48.

資料編

(2)（資料１）

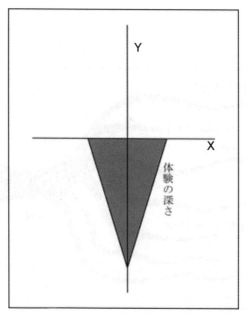

図２．ジェンドリン「診断・解釈と体験の深まりの相関図」(1963)

(3)（資料1）

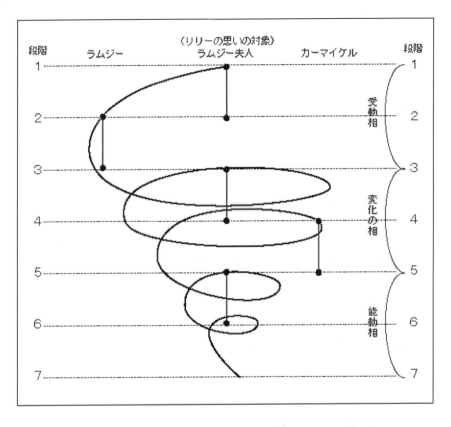

図3．リリーの思いの対象と体験過程の深まりの図

資料編

(4)（資料2）

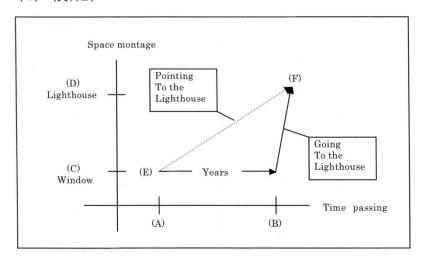

図4.「灯台へ」ストーリーラインの図（序章、p.31、図1）

(5)（資料3）

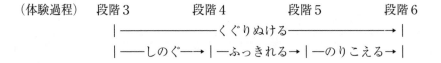

図5. 禅マンダラ（○△□）画創作体験における
「くぐりぬける」の概念構成図（Ⅰ）

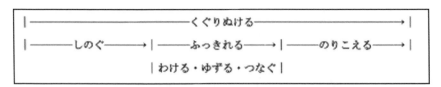

図6. 創作体験における回復過程の概念構成図（Ⅱ）

(6) (資料4)

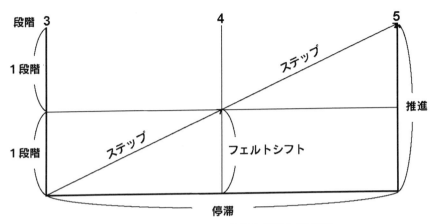

図7. 体験過程における停滞と推進の模式図

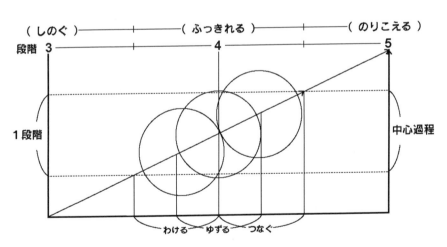

図8. ふっきれる「中心過程」の模式図

資料編

(7)（資料5）

回	カウンセリング	壺イメージ	症状と行動	評価
1 6/16	B男の混乱と葛藤、アトピーをK教諭のせいに合理化する。アパシーと不一致。	3つの壺が2つになる。中に入ろうとするが押しだされる。分身が見ている。	アトピーが顔面を被う。予備校をやめて閉じこもっている。	主観的反応。観察的関与。自己否定的。固い自己イメージ。
2 6/30	医者を転々とするが良くならない。アトピー以来人を意識しすぎる。	押しつ戻されつつ中に入ると分身も入る。別の壺では写っている自分を見る。	かゆみに過剰反応する。症状を抑え込もうとする。	過剰適応。思いこみが強い。体験に両価的な心情を持つ。
3 7/7	K教諭の言動の落書きと中学以来の自己に関するメモを持参、かゆみへの執着。	ドキドキする丸い壺。入るとかゆい。ガラスの壺から頭が出る。空の壺を置く。	リラックスして抑圧が解けるとともに、症状が表面化してかゆい。	症状への意識から、感情体験がまだ抑制されている。
4 8/11	すっきりした表情。雑念やもやもやした気分はなくなった。ふっきれた印象。	2つの壺が1つに統合される。固いイメージの壺はなくなる。	顔に白い部分が目立つ。アルバイトをしたい、働いても良いという。	こだわりや過剰意識から解放され、感覚的体験をする。
5 8/23	ここんとこ忙しくよけいなことを考えない。空虚な気持ちもある。後1、2回。	1つの壺、中身が流動的な身体的壺の中で、フワーとした無の境地を味わう。	アルバイトを始める。アトピーもジクジクしなくなってきた。	体験に身をゆだねている。症状も受け容れ、自己一致。
6 9/8	外に出て、将来のことを考えるようになった。今回で終了したい。	胸のあたりから壺を取り出し、胸にしまう。この安心感が続いて欲しい。	薬も飲んでいない。アトピーとはつきあう気持ちである。	自己肯定感。行動化と現実吟味。終結の自己決定。

図9．B男のアトピー性皮膚炎からの回復過程

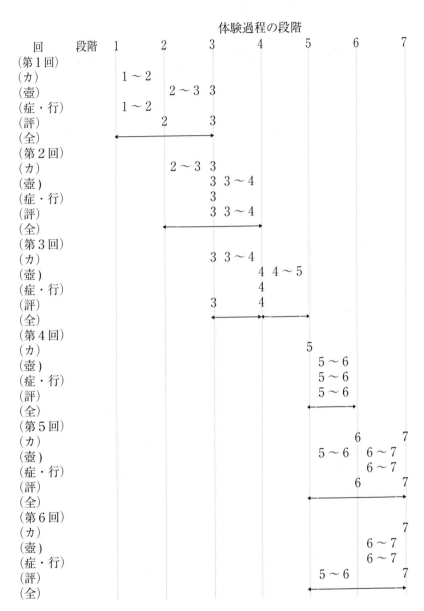

図10. 体験過程尺度から見たB男の回復過程

資料Ⅱ. 人間中心の教育セミナー

第Ｘ回　人間中心の教育セミナー
——ありのままの自分を大切にしませんか——

ゆったりとしてもらえたらええなー。お互いの言葉を聴き、自分の気持ちを味わい、「いま、ここにいること」を感じてみる。日常を離れてほっと一息つきませんか。そんなひとときを夏の大阪で一緒にすごしませんか。

☆期日・日程　：　Ｙ年　７月３０日（月）３１日（火）

【第１日目：７月３０日（月）】
- ９：３０am～　　　　　　　受付
- １０：００am～１０：３０am　オリエンテーション
- １０：４０am～１２：４０am　ワークショップ（分科会、裏面参照）
- １２：４０am～　２：００pm　≪　昼食　≫
- ２：００pm～　５：００pm　（午前中に引き続き）ワークショップ
- ５：１０pm～　６：４０pm　人間中心の教育研究会総会
- ７：００pm～　８：４５pm　懇親会（自由参加・要実費）

【第２日目：７月３１日（火）】・・・９：３０開始です。各会場へどうぞ。
- ９：３０am～１２：００am　エンカウンターまたはワークショップ（裏面参照）
- １２：００am～　１：３０pm　≪　昼食　≫
- １：３０pm～　３：５０pm　（午前中に引き続き）エンカウンターまはたワークショップ
- ４：００pm～　５：００pm　全体交流会

注：なお、八尾芳樹さんのワークショップは、2日目のエンカウンター・グループと並行してもたれますので、両方の参加はできません。ご了承ください。
☆会場：アウィーナ大阪（旧なにわ会館）ＴＥＬ：０６－６７７２－１４４１
☆会費：７，０００円（ただし、会員・学生は６，０００円、１日参加は５，０００円）
☆定員：６０名
【主催　人間中心の教育研究会】
〔代表：ＫＮＣ（関西人間関係研究センター）／京都女子大学名誉教授　畠瀬　稔〕

【第Ｘ回人間中心の教育セミナーへの申し込み方法】

１．下記申し込み先に７月２０日（金）までに申し込み用紙の内容をメールまたは、郵送のいずれかでお申し込みください。会費は郵便振替で下記口座までお送り下さい。尚、第１日目７月３０日（月）に、アウィーナ大阪（会場）で宿泊を希望される場合も、７月２０日（金）までに事務局までメールまたは郵便でご連絡ください。１泊朝食付きで約７４００円です。共済組合等での割引があります。「人間中心の教育セミナー」として１５名分まで部屋を確保しています。無料キャンセルは宿泊の６日前までです。宿泊費は当日、フロントで直接お支払い下さい。

◆申込み・問合せ先
　〒５４６－００３３　大阪市東住吉区南田辺１－８－１２－１３０２
　小幡浩次方
　「人間中心の教育セミナー」事務局 ＴＥＬ：０７０－５０４６－５０９３
　　　　　　　　　　　　　　　　Ｅ-mail：ningen83@gmail.com
◆郵便振替〈口座番号〉００９８０－５－１４５７１０
　　　（加入者名）小幡浩次
２．参加予約後、当日欠席される場合は、他の方にお回し下さい。（参加費はお返しできませんので予めご了承下さい。）
３．参加予約人数が定員に満たない場合は、当日も受け付けます。

資料編

【人間中心の教育研究会へ入りませんか】

本研究会は、人間を尊重する教育を、実践的、理論的に求めていこうとする人達が手をつなぐ会です。一緒に、少しずつ、歩みませんか。
　◇入会申込み先
　　〒545-0004　大阪市阿倍野区文の里3-4-32　水野行範方
　◇会費納入　　年3,000円　　　　E-mail：pca-mizuno8@nifty.com
　◇郵便振替〈口座番号〉00910-2-107598
　　（加入者名）人間中心の教育研究会大阪事務局

【教育のためのエンカウンター・グループに参加しませんか】

◇12月25日（火）～28日（金）有馬温泉にて、「第34回エンカウンター・グループ経験と人間中心の教育研修会(有馬研修会)」(3泊4日）が行なわれます。お早めにお申し込みください。
◇参加費　多くの人が参加できるように自分の経済状態に応じて希望額を書いていただくことにしました。できれば基準額の5万5千円以上で、余裕のない場合でも下限の4万円以上でお願いします。年収300万円を越える方は基準額以上でお願いします。人間中心の教育研究会会員はそこから2千円を割り引きます。（申し込み金10,000円）
◇申込み先
　　〒661-0033　尼崎市武庫之荘2-13-20-204　野近和夫方
　　有馬研修会事務局　　FAX：06-6436-9035
　　　　　　　　　　　E-mail：kaznoji@air.ocn.ne.jp
◇郵便振替〈口座番号〉00900-2-187842
　　（加入者名）野近和夫

結びに

　あまりに早く天がけたために頭と胴体がちぎれてしまったペガサス座についての神話は、現代のコンピューター社会にも当てはまるのではないだろうか。今日、世界的にブームになりつつある人工知能ゲームに振り回された人々が、仮想現実とリアルを取り違えて、ターゲットを街や史跡名所や自然のどこかに集団で、あるいは、個々バラバラに探し回る風景は、頭と胴体が乖離して、行き場を探す姿に見える。このような社会情勢の中で、今こそ若者や現代人は、リアルを「外」ではなく、自己の「内」に探求すべきときなのである。その意味で、本論は、体と心、思いと行為を今一度統一するような、あるいは、失われた体と意味を取り戻す試みである。コンピューター社会で現代人は、失った価値、人間のからだとこころの関係性や意味の喪失を現実生活の中でとりもどし、疎外や民主主義の危機から価値を回復し、個人が私らしく、人間らしく自己発揮するために、互いに思いやり、人間関係の中に価値や目的を見出してゆっくりと歩む。そうすれば、真二つに分かれたペガサスの頭と胴体を今一度取り戻し、内と外のつり合いを保ちながら、自らのつくるストーリーラインを、行為を以て一筋に、あるいは、時には紆余曲折して歩むことになったとしても、創意工夫を働かせてゆっくりと歩むことができるであろう。それが今ここに生きる成長・中心過程ではないだろうか。

著者プロフィール

村田　進（むらた　すすむ）

現職：村田カウンセリング・ルーム主宰、（株）フェスミック委託産業カウンセラー、学校心理士、ガイダンスカウンセラー
石川県立金沢西高校学校カウンセラー
専門学校アリス学園福祉保育・介護福祉学科講師
前金沢大学人間社会学域学校教育学類非常勤講師
金沢大学法文学部卒、同専攻科修了
武庫川女子大学大学院臨床教育学研究科修士、博士課程修了
博士（臨床教育学）
石川県公立高校教諭、県教育センター指導主事、星稜高校専任カウンセラーを歴任
専攻：英米文学・臨床教育学
〔著書〕『創作とカウンセリング』ナカニシヤ出版
　　　　『創作と癒し――ヴァージニア・ウルフの体験過程心理療法的アプローチ――』コスモス・ライブラリー
　　　　『体験過程心理療法――創作体験の成り立ち』コスモス・ライブラリー
〔監修〕『摂食障害あいうえお辞典』コスモス・ライブラリー
〔共著書〕『人間中心の教育』コスモス・ライブラリー
〔共訳書〕カール・ロジャーズ＆ヘンリー・フライバーグ著『学習する自由　第3版』コスモス・ライブラリー

ふっきれて今ここに生きる
―創作体験と心理的成長の中心過程について―
Ⓒ 2016　著者　村田　進

2016年8月31日　第1刷発行

発行所　　㈲コスモス・ライブラリー
発行者　　大野純一
　　　　　〒113-0033　東京都文京区本郷3-23-5　ハイシティ本郷204
　　　　　電話：03-3813-8726　Fax：03-5684-8705
　　　　　郵便振替：00110-1-112214
　　　　　E-mail：kosmos-aeon@tcn-catv.ne.jp
　　　　　http://www.kosmos-lby.com/
装幀　　　瀬川　潔
発売所　　㈱星雲社
　　　　　〒112-0005　東京都文京区水道1-3-30
　　　　　電話：03-3868-3275　Fax：03-3868-6588
印刷／製本　モリモト印刷㈱
ISBN978-4-434-22428-7 C0011
定価はカバー等に表示してあります。

「コスモス・ライブラリー」のめざすもの

古代ギリシャのピュタゴラス学派にとって〈コスモス Kosmos〉とは、現代人が思い浮かべるようなたんなる物理的宇宙（cosmos）ではなく、物質から心および神にまで至る存在の全領域が豊かに織り込まれた〈全体〉を意味していた。が、物質還元主義の科学とそれが生み出した技術と対応した産業主義の急速な発達とともに、もっぱら五官に隷属するものだけが重視され、人間のかけがえのない一半を形づくる精神界は悲惨なまでに忘却されようとしている。しかし、自然の無限の浄化力と無尽蔵の資源という、ありえない仮定の上に営まれてきた産業主義は、いま社会主義経済も自由主義経済もともに、当然ながら深刻な環境破壊と精神・心の荒廃というつけを負わされ、それを克服する本当の意味で「持続可能な」社会のビジョンを提示できぬまま、立ちすくんでいるかに見える。

環境問題だけをとっても、真の解決には、科学技術的な取組みだけではなく、それを内面から支える新たな環境倫理の確立が急務であり、それには、環境・自然と人間との深い一体感、環境を破壊することは自分自身を破壊することにほかならないことを、観念ではなく実感として把握しうる精神性、真の宗教性、さらに言えば〈霊性〉が不可欠である。が、そうした深い内面的変容は、これまでごく限られた宗教者、覚者、賢者たちにおいて実現されるにとどまり、また文化や宗教の枠に阻まれて、人類全体の進路を決める大きな潮流をなすには至っていない。

「コスモス・ライブラリー」の創設には、東西・新旧の知恵の書の紹介を通じて、失われた〈コスモス〉の自覚を回復したい、様々な英知の合流した大きな潮流の形成に寄与したいという切実な願いがこめられている。そのような思いの実現は、いうまでもなく心ある読者の幅広い支援なしにはありえない。来るべき世紀に向け、破壊と暗黒ではなく、英知と洞察と深い慈愛に満ちた世界が実現されることを願って、「コスモス・ライブラリー」は読者とともに歩み続けたい。

創作と癒し
ヴァージニア・ウルフの体験過程心理療法的アプローチ

村田　進［著］

"文学と心理学の接点"、すなわちヴァージニア・ウルフの主要作の精緻な読みとフォーカシング指向心理療法を含む体験過程理論の研究実践から導き出された「創作と癒し」の世界

　本書は、作家兼臨床家の神谷美恵子が、ウルフの病蹟学的研究で、自らやり残したと述べている作品研究の領域に光を当てて行なった、心の回復過程についての研究である。『創作と癒し』はそこから名づけられている。

　また、その主題「闇の核心をもとめて」には、心の闇に照らし出されるものとは一体何なのかという、ウルフが探求してやまなかった問題に、主にフォーカシング指向心理療法における"フェルトセンス"の解明を通して迫るという意図が込められている。

　ヴァージニア・ウルフはいわゆる意識の流れの文体を用いたが、元々この"意識の流れ"の概念はW．ジェームズに端を発する心理学的な用語であった。それが20世紀初頭の内面を綴る文学的な手法に適用され、意識の流れの手法と呼ばれるようになった。一方、心理学の分野では、それが体験過程の概念として発展した。これが、本書で、V．ウルフの意識の流れの文体を体験過程の観点から取り上げて、文学と心理学の接点から研究を行った論拠である。

　本書が取り上げた体験過程理論は、C．ロジャーズのパーソンセンタード・アプローチからE．U．ジェンドリンのフォーカシング指向心理療法、または、体験過程療法論にまたがっている。筆者が、V．ウルフの文学を体験過程からひも解くのは、そのような体験過程理論の発展を反映した尺度を用いて、ウルフが書いたものを実地に評定し、統計学的な処理で裏付けた先行研究に基づいている。それは、筆者の博士論文を著した『創作とカウンセリング』（2003）という、書くことの心理療法的意味の研究であったが、これは本論の姉妹編である。

序論　闇の核心を求めて
第1部　V．ウルフ『ダロウェイ夫人』を中心に　●　第1章　ヴァージニア・ウルフの創作と体験過程について──『ダロウェイ夫人』から『灯台へ』まで──●　第2章　『ダロウェイ夫人』概論──Mrs. Dalloway's Character Problem──
第2部　V．ウルフ『灯台へ』を中心に　●　第3章　ヴァージニア・ウルフ『灯台へ』における過去志向について──解釈学的見方から──●　第4章　文学と心理学の接点から──V．ウルフ『灯台へ』再考──
第3部　V．ウルフ『歳月』を中心に　●　第5章　『歳月』とウルフの体験様式について
第4部　発展研究　創作体験を中心に　●　第6章　「灯台へ」創作体験の面接への適用について　●　第7章　禅マンダラ画枠づけ創作体験法の開発とその心理療法的構造について──体験過程から見た心理的回復過程の中心概念の研究──

　団塊の世代の一人である作家津島佑子は、かつて、映画「ダロウェイ夫人」についての新聞の評に、英国のヴィクトリア時代の女性が男性を見るまなざしに何か温かいものを感じ、古き良き時代の「郷愁と共感」という題のエッセイを寄せています。それは、過ぎゆく昭和の世代の古き良き文化や人々をしのぶ彼女自身の温かいまなざしであり、わたしたちにも深い共感を呼ぶものでした。本書が、ウルフを通して、そのような古き良き時代を生きた人々へのエールや癒しとなり、また、これから新たな時代に生きる人々に世代を超えて光る一筋の価値と希望を見出すヒントになることを願っています。（著者）

【Ａ５判上製】〈定価２０００円＋税〉

体験過程心理療法
創作体験の成り立ち

村田 進［著］

カール・ロジャーズの研究家であり、ロジャーズから「私の友人」と呼ばれて親しく交流を続けていた畠瀬 稔先生は、先般、惜しくも急逝されたが、
本書は先生への哀悼の意をこめてつくられたものである。

　先生は、ロジャーズが提唱し世界に広めたＰＣＡすなわちパーソンセンタード（人間中心の）アプローチの考えを実現するために、翻訳を通してその精神を日本に紹介しただけではなく、自ら米ラフォイアのロジャーズのもとで学び、当時ロジャーズが創始し、精力的に世界に広めていたエンカウンターグループ運動を日本に導入し広めた。本書は、先生が大学院のロジャーズのもとで経験した「授業とエンカウンターグループが一体化した授業」（ロジャーズ＆フライバーグ、2006、『学習する自由・第３版』、畠瀬＆村田訳、コスモス・ライブラリー）に感銘を受け、それを日本でも実現しようとして大学院で実践された授業を、今度は著者自らが体験し、その"恵まれた学習の瞬間"から得た成果を世に問うものである。

　本論は、前書『創作と癒し──ヴァージニア・ウルフの体験過程心理療法的アプローチ──』（2014）の連作であるとともに、博士論文の著作である『創作とカウンセリング』（2003）と３部作を構成するものである。

　本書では、第２作（2014）で得た心理療法の中心概念（ふっきれる）を裏付けるために、著者が修士論文で取り上げたイニシャル・ケースに遡り、創作体験における回復過程と中心過程を検証した。そして、そこから、ウルフや畠瀬の回復・成長モデルや学校臨床の様々なケースに見られるふっきれる中心過程の有機的プロセスをグラフにして仮説モデルとして提起した。それによって、自己の中心過程の有機的な仕組みは、融通無碍な動きをもった中心軸として、また、ゆっくりとなめらかに個人やグループに作用する推進力としても機能することがケースから明かされた。すなわち、自己の中心過程に内包する有機的作用は、人生の外延に機微・機序・機縁となって表われ、かつ相互作用のもとに自己が世界の中で機能的な人間になることを指向していることが見出された。

　本論第２部は、19世紀末のヴィクトリア朝時代にイギリスのロンドンに生まれたヴァージニア・ウルフの創作体験を取り上げた。彼女は、文学の上でリアリティを追究し、畢竟、自分になり人間になることを目指した。本書は、彼女の代表作である『灯台へ』（1927）を取り上げて、作家が自分を見つめ、自己の闇の核心にある真実に触れてありのままに生きようとしたことを、ナレーターとして登場人物に寄せて自分独自の文体で書きながら、家族や人間性によりどころを求めたウルフ自身の創作体験の中に見出した。

　また、それは、めぐりゆく時として、今日の時代に生きるクライアントの「灯台へ」創作体験ともどこか重なるものであったが、そこからさらに、クライアントが創作を通して自分になる中心過程を体験過程尺度から評価した。それは、一世紀前の大戦前夜に"失われた世代"の一人として生きた作家と同様に、今日に生きる個人にもパーソンセンタードの光を当てる意図のもとでなされている。

序論　追悼　畠瀬 稔先生の道程
第１部　心理的成長と中心過程について ● 序章　学校臨床と中心過程 ● 第２章　体験過程尺度から見た心因性アトピー性皮膚炎（ＡＤ）の青年の回復過程における間と推進のプロセス ● 第３章　ＡＤの３つの研究の比較・検討 ● 第４章　先行研究 ● 第５章　学校臨床事例研究
第２部　Ｖ．ウルフ『灯台へ』と創作体験 ● 第６章　Ｖ・ウルフ『灯台へ』再考（英文）● 第７章　『灯台へ』創作体験による心理的変化の評価について ● 終章　マトリョーシカと癒しの時間 ● 結論　本論の目的・仮説・定義・方法および基本計画と結果　　【Ａ５判上製】〈定価2000円＋税〉